Metamorfosis

El poder de transformarte

METAMORFOSIS

JIMMY FRECH

Erandique Actualidad
Tegucigalpa, Honduras

*A todas las personas que me guían
y apoyan en mi transformación.*

Índice

*"Ayer era inteligente, por eso quería cambiar el mundo.
Hoy soy sabio, por eso me cambio a mí mismo."*
Rumi

Prólogo

En la antigua Grecia, en el templo de Apolo en Delfos, los visitantes eran recibidos con una inscripción en la que se leía: «Conócete a ti mismo». Esta inscripción constituía una invitación visible para quienes deseaban hacerle una consulta al dios. Si bien esta máxima puede parecernos fácil de interpretar, no equivale al sentido moderno de la psicología de «conocernos a nosotros mismos», sino que poseía un significado ético y religioso muy concreto: reconocer los propios límites y actuar con mesura. Antes de invocar a Apolo, dios de la claridad y la armonía, el visitante debía analizarse y entenderse.

Más adelante, Sócrates nos recordaría que «una vida que no es analizada no merece ser vivida», haciendo énfasis en la importancia de la reflexión y el autoconocimiento para llevar una existencia plena. Tanto la inscripción del oráculo como la afirmación socrática ejemplifican la necesidad del ser humano de reflexionar y conocerse desde la Antigüedad.

Esa misma pregunta —quién soy y cómo debo vivir— reaparece una y otra vez a lo largo de la historia, formulada con distintas palabras. El escritor estadounidense Mark Twain decía que hay dos fechas decisivas en la vida: la fecha en la que uno nace y la fecha en la que uno descubre para qué nace. Este segundo momento no siempre llega con la rapidez que quisiéramos, pues toda transformación requiere tiempo, introspección y paciencia. Descubrir nuestro propósito rara vez es un acto inmediato pues suele ser el resultado de años de búsqueda interior.

Hoy este proceso se torna más complejo con el avance de la tecnología. Hace algunos años, cuando necesitábamos algún dato debíamos consultar un fichero en la biblioteca, pedir un libro, averiguar el número de página y leer con atención hasta encontrar lo que buscábamos. En cambio, hoy, con unos cuantos clics, obtenemos respuestas inmediatas. Vivir con tanta rapidez nos hace impacientes y menos tolerantes a lo lento. La inmediatez nos aleja de las pausas necesarias para pensar, escucharnos y conocernos.

Cuando el autor de este libro me pidió estas palabras, dudé y primero le pedí leer el texto. Sin embargo, al leerlo, me vi reflejada en mi propio esfuerzo por (re)conocerme y superar obstáculos. Recordé mi antiguo miedo a hablar en público: en el pasado, a veces me quedaba en silencio y me resultaba casi imposible articular dos oraciones con sentido ante una audiencia.

Para superar esa aversión conté con mentores que me ofrecieron consejos muy similares a los que se proponen en este libro. Entendí la importancia de ejercitarse, de tratarme con amabilidad y de incorporar el «todavía» como un mantra que me repetía hasta hacerlo realidad: «no podés hablar en público… todavía». Ese pequeño cambio de perspectiva me permitió entender que el crecimiento no ocurre de golpe, sino que se construye con paciencia, constancia y una mirada honesta hacia una misma.

Este libro no ofrece respuestas rápidas ni fórmulas milagrosas. Lo que propone es algo más antiguo y, quizá, más difícil: detenerse un instante, mirarse con honestidad y seguir caminando. Leerlo es aceptar que el cambio no siempre llega de inmediato, que conocerse no es una meta que se alcanza de una vez sino un proceso que se vive. Como sugirió Hermann Hesse, quienes no terminan de encajar del todo en el mundo, quienes sienten la incomodidad y la inconformidad, suelen estar más cerca de encontrarse a sí mismos. Si estas páginas consiguen acompañarte en ese trayecto, aunque sea por un breve tramo, entonces habrán cumplido su propósito.

—Frances Simán

Nota del autor

Plantear una metamorfosis parece algo radical, pero no lo es. El mundo conspira contra la transformación y a veces somos nosotros mismos, desde dentro, quienes la frenamos. Sin embargo, solo un cambio verdadero, que venga desde lo más profundo de tu ser, es realmente capaz de cambiar tu destino.

¿Cuántas ideas brillantes se quedan atrapadas en la mente de quien las soñó o anotadas en un papel por no tener el valor o la capacidad de transformarnos en la persona que necesitamos ser para lograr esos sueños?

Muchos tienen grandes ideas, pero la mayoría no las ejecuta. Siempre hay alguna buena excusa: "No tengo tiempo, el mercado está muy mal, no tengo suerte, no consigo el socio ideal, me falta dinero, los errores del pasado me impiden avanzar". Pero son solo eso: excusas. Todos podemos crecer y transformarnos en la mejor versión posible de nosotros mismos. Pero hay que empezar por comprometerse con el objetivo.

Por eso quise escribir este libro, para ayudar a personas brillantes como vos a construir sus sueños y hacer realidad sus ideas. Transformarse desde adentro no significa hacerlo solo, creo que no se puede hacer nada solo. He sido muy bendecido al tener muchas personas que me han acompañado, guiado y apoyado en mi camino. Este libro es como la mano de todas las personas que contribuyeron a mi transformación y ahora, yo quiero darte la mano a vos.

No tengo todas las respuestas, lo único que sé es que todos tenemos un camino por recorrer. En este libro está lo que he aprendido hasta ahora, con la intención de que te sirva en tu camino. Mi visión del mundo está en constante evolución, pero en este momento, lo escrito aquí marca la diferencia en la vida de los que queremos crecer.

Quien me conoce sabe que uno de los temas que me apasiona es la simplicidad. Considero que cuando algo es simple, es más fácil de aprenderlo y sostenerlo en el tiempo. Ese fue uno de mis objetivos principales cuando comencé este proyecto: que el libro fuese lo más simple de leer para facilitar la transmisión del conocimiento.

La metáfora de la metamorfosis me ayudó a entender el crecimiento como un proceso que se da a través de la experiencia y la reflexión. No como un cambio repentino, sino como una transformación que ocurre por etapas. Entenderlo así me permitió soltar la exigencia de "llegar rápido" y empezar a valorar cada etapa del camino. Crecer es animarse a atravesar el proceso completo que te va llevando, paso a paso, a una versión más auténtica de vos mismo.

Con el tiempo entendí que los procesos de crecimiento comienzan con algo pequeño: una inquietud, un deseo, una pregunta que aparece casi en silencio y se queda rondando. A veces es tan sutil que pasa inadvertida, pero ahí empieza todo.

Después viene una etapa donde probamos, nos equivocamos, absorbemos ideas, experiencias, conversaciones, libros. Nos nutrimos de todo lo que encontramos, muchas veces sin saber todavía para qué. En ese recorrido, dejamos atrás versiones anteriores de nosotros mismos, creencias que ya no encajan, hábitos que empiezan a quedarnos pequeños.

Más adelante aparece una pausa inevitable. Un momento incómodo, confuso, en el que algo se detiene o se desarma. Es una etapa que suele sentirse como una crisis. Pero es ahí donde ocurre la transformación más profunda. Para avanzar, algunas expectativas ajenas, miedos heredados o formas de vivir necesitan quedar atrás.

Cuando terminamos esa pausa salimos frágiles, vamos aprendiendo a habitar una nueva versión de nosotros mismos. Con el tiempo todo se acomoda y entonces vivimos distinto, tomamos decisiones diferentes y sembramos, sin darnos cuenta, las semillas de futuras transformaciones.

Esta metáfora me ayudó a entender mis propios procesos y es la razón por la que este libro está dividido en cuatro partes, inspiradas en las distintas etapas de la metamorfosis.

Autoconciencia, la primera parte, te prepara para el crecimiento, se enfoca en descubrir quién sos, cómo conocer tus emociones, comunicarlas y desarrollar una apertura mental.

En Conexión, la segunda parte, comenzamos a crear una mejor versión de nosotros mismos en relación con las personas que nos rodean. Esto solo se puede lograr si ya hemos hecho el trabajo de mirar hacia adentro.

La tercera parte, Reconfiguración, es el momento en que te preparás, te cuestionás a un nivel más profundo y te reorganizás. Funciona como un puente para trasladar a tu entorno todo el conocimiento adquirido.

En la última parte, Expansión, aprenderás a mantener y potenciar todo lo que has conseguido durante tu metamorfosis.

Este libro está pensado como un compañero. Está diseñado para ser leído varias veces, cada vez te va a decir algo distinto, lo que necesités profundizar en ese momento, en especial cuando te enfrentés al reto de las transformaciones más profundas. Ojalá encontrés en cada página la claridad y la motivación para seguir. Transformarse desde adentro es el inicio de algo mucho más grande. Recordá que muchos hemos pasado por ahí y salimos más fuertes luego del proceso.

No todos los procesos de cambio llegan a completarse. A veces intentamos avanzar demasiado rápido, alcanzar resultados sin atravesar las etapas necesarias. Queremos sentirnos plenos sin habernos detenido a comprendernos, crecer sin habernos nutrido, resolver sin haber mirado de frente lo que duele.

Cuando eso pasa, el cambio se vuelve frágil. Puede verse bien desde afuera, pero no se sostiene. Son logros de corto aliento, sensaciones pasajeras de satisfacción que no terminan de llenar. Lo que se evita o se tapa tarde o temprano vuelve a aparecer, pidiendo ser atendido.

La transformación real necesita tiempo, honestidad y profundidad. Requiere atravesar cada etapa, incluso las incómodas. Este libro propone justamente eso: no saltarte el proceso, sino acompañarte a recorrerlo con conciencia, para que el cambio que construyás sea verdadero.

Todo crecimiento sostenible nace del autoconocimiento. Las herramientas que propongo buscan acompañarte en una transformación desde dentro. No para convertirte en alguien distinto, sino para acercarte a quien realmente sos. Desde ahí, empezarás a usar tu potencial para generar un impacto positivo en vos y tu entorno.

Si este libro llegó a tus manos, lo más probable es que ya estés listo para tu transformación. Seguro no tenés todas las respuestas ni la claridad sobre el camino, pero sí una inquietud genuina por crecer y vivir de una manera más consciente. Eso es lo más importante para comenzar tu metamorfosis. Aferrate a esa inquietud, comprometete con tu proceso y transitá cada etapa con honestidad. Ojalá estas páginas te acompañen y te den lo que necesites en cada momento. La transformación empieza desde adentro… y ya diste el primer paso.

Parte uno: Autoconciencia

*"El mundo te preguntará quién sos,
y si no lo sabés, el mundo te lo dirá".*
Carl Jung

Cuando me gradué de la escuela, la mayoría de mis amigos se fueron juntos a estudiar a Boston, Massachusetts. Yo tomé un camino distinto y me fui a Baton Rouge, Luisiana.

Aparte de no estar en mi país y no tener a mi familia, tampoco tenía a mis amigos. No les voy a mentir, fue difícil, mi mundo cambió por completo. Extrañaba la familiaridad, la compañía y ese respaldo silencioso que sentimos cuando estamos rodeados de nuestra gente.

Me sentía fuera de lugar, tanto que, a un mes de mi llegada a la universidad fui a visitar a mis amigos en Boston. Ahí la pasé increíble, no quería regresar a Baton Rouge y hasta pensé en cambiarme de universidad para estar con ellos. Pero rápidamente abandoné esa idea, porque yo tenía una beca completa en Louisiana State University (LSU).

Cuando regresé a Baton Rouge, me di cuenta de que algo había cambiado en mí. El proceso de conocerme comenzó el mes que pasé solo antes de visitar a mis amigos. Me di cuenta del contraste entre mi vida anterior y mi nueva realidad.

Esa realidad incómoda era la consecuencia de estar conmigo mismo, con mis pensamientos y mis emociones. Antes, aunque estaba lleno de ideas y opiniones, me sentía incapaz de decirlas en voz alta. Cuando otras personas expresaban sus pensamientos, yo los tomaba como válidos y dudaba de mí mismo. Pensaba que esas personas sabían más que yo y que su forma de pensar tenía mayor validez que la mía. Me comparaba con los que hablaban más, con los que parecían más seguros y con los que, según yo, tenían bien claro lo que querían. Sin saberlo, cuanto más hacía esto, más me alejaba de mí mismo; producto de no conocerme.

Estudiar en el extranjero fue difícil, pero necesario para iniciar mi camino hacia adentro.

El hecho de no tener la sombra de los demás me obligó a estar conmigo y fue en esa distancia, en ese vacío, que empecé a encontrarme. Comencé a entender mis gustos, lo que me da energía y el tipo de personas que me hacen bien.

Además, al vivir solo en una ciudad extraña, me enfrenté a decisiones y problemas reales que tenía que resolver. No podía quedarme callado, tenía que darles voz a mis ideas y actuar. Al hacerlo, comencé a darme cuenta de que mi opinión es valiosa y que mis errores son momentos de aprendizaje. El proceso de autoconocimiento me dio confianza en mí mismo y es lo que me permite vivir mi camino.

Estudiar en el extranjero fue mi forma de iniciar mi camino, pero hay otras maneras de iniciarlo. Lo importante es estar consciente y dispuesto para comenzar tu metamorfosis y así crear ese espacio para estar con vos mismo.

La primera etapa de tu metamorfosis está dividida en varias áreas donde adentrás cada vez más y destilás tu verdadera esencia.

En el primer capítulo, Descubriéndote, aprenderás sobre la importancia de conocerte, entender tus reacciones, tus decisiones y tus miedos. Harás la pausa necesaria para conocerte y empezarás a usar la escritura para conocer el ADN de tu personalidad.

En el segundo capítulo, El Cuerpo, te enfocarás en la materia que te sostiene. Aprenderás sobre nutrición, ejercicio, descanso, cómo funciona el estrés en tu cuerpo y cómo minimizarlo. También integrarás hábitos saludables para mantener un estado de salud y bienestar óptimo y aprenderás sobre la información que traen las enfermedades para mejorar distintos aspectos de tu vida.

Luego de haberte conocido un poco y optimizado tu físico, en el tercer capítulo, Tu Verdad, vas a acceder a un nivel más profundo del proceso. Aprenderás sobre la importancia de la escucha, a aceptarte como sos, a enfocarte en vos en lugar de compararte y a vivir tu vida desde tu verdad.

En el cuarto y último capítulo, aprenderás sobre la atención plena y cómo acceder a niveles superiores de calma y concentración para poder potenciar todo lo anterior. Complementarás este aprendizaje trabajando con un mentor, para poder identificar puntos ciegos en tu crecimiento y profundizar los procesos. Para terminar, identificarás la raíz, los valores y los recuerdos que te arraigan y te ayudan a no perder el norte mientras avanzás hacia la siguiente etapa de tu metamorfosis.

Descubriéndote

Cuando alguien me pregunta por dónde empezar un proceso de cambio o crecimiento personal, mi respuesta es:

Empezá por vos.

Independientemente de qué área de tu vida querés mejorar, el punto de partida siempre sos vos. Tenés que empezar por mirar hacia adentro porque vos sos el origen de la matriz. Todo lo que construyás debe partir de aquí. Incluso tus impulsos incontrolables y las partes de vos que te retan pueden convertirse en herramientas para tu éxito personal.

Cuando te falta autoconciencia, es fácil perderte y acabar por tomar decisiones que no se alinean con lo que realmente querés. En cambio, cuando tenés claro quién sos y cuál es tu centro, qué te importa y qué te mueve, todo se vuelve más fácil, los movimientos se vuelven más naturales. Todo se origina desde tu centro y una vez que descubrís la potencia de tu ser, tus decisiones tienen raíz, dirección y sentido. Para llegar a eso, tenés que estar bien enfocado y atento.

En mi vida, hubo una época en la que vivía hacia afuera. Me enfocaba en lo que los demás pensaban, en lo que debía hacer o lograr para ser "exitoso". Vivía estresado y no lograba mis objetivos con eficacia. Me faltaba dirección. Con el tiempo, entendí que es imposible avanzar si no me entiendo a mí mismo y que mirar hacia afuera no me ayudaría a crecer. Comprendí que más que tratar de destacarme frente a los demás y agotarme en el intento, necesitaba transformarme desde adentro y volver a mi centro.

Entonces, empecé a cuestionarme para tratar de comprender quién era realmente y hacia donde quería ir. Tuve que hacerme preguntas que no eran fáciles de responder.

Pasar por ese proceso me enseñó que tu génesis la descubrís solo cuando te empezás a hacer preguntas que te incomodan:

¿Qué me apasiona?

¿Qué valores guían mis decisiones?

¿Qué cosas hago para agradar o pertenecer?

¿Qué partes de mí escondo de los demás y de mí mismo?

¿Qué miedos no quiero enfrentar?

¿Cuál es la esencia más profunda de mi ser?

Intentar responder a esas preguntas e iniciar un viaje de autoconocimiento es un proceso incómodo, pero profundamente liberador. Es como escarbar la tierra para sembrar una semilla: tenés que remover capas que no sabías que tenías. A veces da miedo lo que podés encontrar y, justo cuando sintás ese miedo, vas a saber que estás en el camino correcto hacia tu esencia.

Tu madurez comienza cuando buceás bien profundo y te das cuenta de que todo lo que te han enseñado en la vida y todos los paradigmas que tenés en tu interior se pueden cambiar. Es por esto que hablo de una metamorfosis completa, porque los cambios aislados o superficiales no suelen ser duraderos.

La transformación desde adentro es una acción trascendental, un viaje que comienza por vos. Ya vimos que para construir algo sólido, primero debés mirar hacia adentro. Ahora probablemente te estés preguntando cómo hacerlo. En las próximas tres secciones aprenderás a generar el espacio para poder investigar tu interior y saber quién sos realmente y qué te motiva. Acercarte a la esencia de ese núcleo es el primer paso para sentar las bases de tu transformación

Hacer una pausa

Vivimos en una época que premia la velocidad, la ocupación constante y la sensación de no llegar. Los incentivos son claros: no hay que parar. Hay que hacer, producir, avanzar. Por eso, hacer una pausa es un acto necesario. Muchas veces nos encontramos en un círculo que se repite, por ejemplo, hacer ejercicio, trabajar y descansar. ¿Dónde dejamos tiempo para descubrir quiénes somos, qué nos mueve? Si no detenemos ese impulso, podemos llegar al final de la vida y descubrir que la gastamos viviendo algo muy distinto a lo que alguna vez soñamos.

De hecho, estoy seguro de que has escuchado hablar de la "crisis de la mediana edad". Les sucede a las personas que han trabajado durante 20 años para alcanzar sus metas y lo que les dará felicidad, pero cuando ya lo tienen todo, se dan cuenta de que se sienten igual de vacíos. Lo que viene del mundo exterior no va a llenar nuestro interior.

Para evitar esa sensación de vacío y falta de propósito, te propongo hacer una pausa para conocer tu mundo interior y entender qué es lo que realmente te va a hacer feliz. Esto no significa dejar a un lado las metas. Claro que debemos tener metas y varias de esas metas van a ser logros externos y materiales. Pero es vital que esas metas estén alineadas con quiénes somos y qué es lo que realmente nos importa.

Investigar tu interior

Conocerte es un trabajo diario, profundo y, muchas veces, incómodo. Implica animarte a observar lo que te gusta y lo que no. En ese camino te vas a encontrar con partes tuyas que preferirías no ver, ni que nadie vea. Pero ahí está la clave: no se puede transformar lo que no se reconoce, y es imposible convertirte en tu mejor versión si no conocés tu materia prima. Cuando aparezca esa incomodidad, tomala como una oportunidad de oro. Aquello que evitás mirar suele ser exactamente lo que necesitás ver; esas verdades incómodas son, en realidad, las llaves de tu desarrollo.

Investigar tu interior es un trabajo arduo, ya que somos organismos complejos. Hay eventos microscópicos que pueden desarrollar reacciones en cadena. Para empezar el proceso de tu metamorfosis necesitás conocer a fondo esa matriz, comprender cómo funcionás: por qué, cuándo y cómo reaccionás.

"El cambio real siempre se produce en el interior".[i]

— *Eckhart Tolle*

Tu principal herramienta para lograr tu transformación es la observación. Tus emociones, tus reacciones, tus pensamientos automáticos, tus silencios… todo lo que hacés, de manera consciente o inconsciente, es una fuente de información valiosa.

Podés encontrar muchos detalles cargados de información en tu vida cotidiana. Los días están llenos de pequeñas pistas que nos dicen quiénes somos. El problema surge cuando estamos tan ocupados que no las podemos ver.

Te doy un ejemplo simple para que comprendás cómo ver tu día a día como fuente de información útil. Imaginate vas en el carro manejando en la autopista, vas despacio y de buen humor. De pronto, alguien no te da la pasada y se mete en tu carril de forma agresiva. En un segundo perdés la paz, te enojás, lo insultás y quedás de mal humor por el resto del día. El que te negó la pasada se va tranquilo y, probablemente, no se ha dado cuenta de tu enojo. La mayoría de las personas lo deja ahí, pero alguien que quiere conocerse siente el enojo, indaga y profundiza en él para entender por qué reaccionó de esa manera y poder liberarse.

Un evento como el que acabo de mencionar puede pasar de ser un mal rato que te amarga el día a un espejo donde es importante mirarte. Cuanta más atención prestés, más espejos vas a encontrar.

En este tipo de situaciones, es productivo preguntarte:

¿Por qué me altero tanto con algo tan pequeño?

¿Qué me muestra esta reacción?

Reflexionar sobre tu propio estado te ayudará a entender mejor tus emociones y el mecanismo de tus reacciones. Si bien todos los eventos generan emociones, al no conocernos, pasamos de evento a reacción y nos saltamos la etapa de sentir la emoción. Sin embargo, se trata de una etapa clave. Es importante sentir la emoción, porque dependiendo de si la podemos procesar o no, nuestra reacción va a ser diferente.

Cuando te embarques en este camino de observar tus emociones, vas a ir avanzando poco a poco. Al principio, tu mente va a procesar lo ocurrido y la ventana de sentir la emoción sin reaccionar va a ser más breve. Con el tiempo vas a estar más consciente de las oportunidades para sentir y luego reaccionar, te vas a detener más en procesar la emoción. Un día vas a estar en medio de un evento desestabilizador y vas a poder decir: "¡Ahí está! Esta es la emoción que estoy sintiendo, pero mi reacción puede ser otra".

Si en algún momento te das cuenta de que reaccionaste impulsivamente y no sentiste la emoción, es muy importante tratarte con cariño.

En estos casos, te recomiendo tratar de reconstruir el evento para que podás reconocer lo que te hizo sentir, sin juzgarte. No evités el sentimiento, solo observá y empezá a hacerte preguntas como si fueras un detective de tu propio mundo interno:

¿Qué siento?

¿De dónde viene este sentimiento?

¿Qué parte de mí se siente amenazada?

¿Qué valor o expectativa no se cumplió?

La idea es abrir el diálogo interno con honestidad y sin juzgarte. Hablarte a vos mismo desde la compasión, no desde la exigencia.

Otra herramienta que te puedo recomendar para descubrir qué causa tus reacciones es escribir todos los días en un diario. Dejá que salga todo: tus dudas, tus enojos, tus deseos, aunque sintás que es un caos. Cuando ponés tus pensamientos en papel, pasa algo mágico: el nudo se empieza a desenredar. Vas a poder ver lo que estás sintiendo y detectar patrones. Te vas a dar cuenta de cosas que antes se te escapaban y vas a poder profundizar en ellas para conocerte.

Lo ideal es escribir todos los días, no tiene que ser elaborado. Empezá con un par de oraciones. Lo importante es comenzar; después, con el tiempo, vas a escribir más. No te trabés queriendo que todo se lea perfecto, esto no es para publicar. Rayá, tachá, escribí lo que te salga, escribí como si nadie fuera a leerlo porque nadie lo va a leer. Es solo para vos, para entenderte, vaciar un poco tu cabeza y hacer espacio hacia dentro.

También podés escribir cuando tengás un problema, por ejemplo, para indagar más en un episodio como el del carro que se atravesó en tu camino. Podés escribir cuando llegués a tu casa para tratar de entender lo que te pasó en el día, o escribir por la mañana sobre el día anterior. El ADN de tu personalidad se manifestará naturalmente a través de la verbalización de tus sensaciones, pensamientos e ideas, y con el tiempo lo conocerás en profundidad.

Escribir es una gran clave para la resolución de problemas. En este sentido, la Ley de Kidlin, llamada así por un personaje de *King Rat* de James Clavell, establece lo siguiente:

***Si podés escribir claramente el problema, ya resolviste la mitad.**[ii]*

Lo que esto significa es que no podemos resolver algo que no entendemos. ¿Cómo vas a resolver tu reacción a eso si no entendés por qué actuás así? A partir del momento en que lo podés poner en palabras y empezás a entenderlo, la segunda parte se vuelve mucho más fácil, solo hace falta tener la voluntad y el compromiso de resolverlo.

Hasta aquí hemos profundizado acerca de conocer tu mente y sus mecanismos, analizando reacciones y haciendo la pausa necesaria para conocerte, incluso cuando lo que descubrís te resulta incómodo. En el siguiente capítulo pasaremos a explorar cómo potenciar la estructura física que sostiene todas tus acciones, es decir tu cuerpo.

Ideas clave del capítulo uno

o   *La observación consciente de tus emociones, pensamientos y reacciones es la herramienta más poderosa para conocerte en profundidad.*

o   *En un mundo que premia la prisa y la exigencia constante, hacer una pausa se vuelve un acto esencial para reconectar con tu mundo interior y entender qué es lo que realmente te hace feliz.*

o   *La incomodidad es parte inevitable del autoconocimiento. Da miedo mirar hacia adentro, pero cuando ese miedo aparece, es una señal de que estás en el camino correcto hacia tu esencia.*

El cuerpo

El ser humano está formado por alma, mente y cuerpo. El cuerpo es el lugar donde todo sucede: donde habita lo que pensamos, lo que sentimos y lo que somos. Nada de lo inmaterial vive separado de él; nuestra mente y nuestro espíritu se expresan y se sostienen a través del cuerpo, que se convierte en una herramienta clave para conocernos mejor.

En este capítulo aprenderás algunas ideas básicas sobre nutrición saludable, cómo incorporar el ejercicio de manera sólida en tu vida, la importancia del descanso y cómo el funcionamiento de tu cuerpo impacta sobre tu mente y tu estado de ánimo.

Muchas veces, el cuerpo es más consciente que la mente. A través de sensaciones, tensiones, cansancio o energía, nos habla antes de que sepamos ponerle palabras a lo que nos pasa.

Cuidarlo no es solo una cuestión física: cuando el cuerpo encuentra equilibrio, la mente se tranquiliza y se aclara. Habitar el cuerpo con atención es, también, una forma de escucharnos a nosotros mismos.

Para ilustrar cómo opera la dinámica mente-cuerpo, te ofrezco un ejemplo. Imaginate que tenés una presentación final y estás bien preparada, pero te ponés nerviosa. Sentís que tu corazón se aprieta y te comienzan a sudar las manos. Este es un buen momento para indagar sobre lo que te está pasando. La única diferencia con lo que te propuse en la sección anterior es el punto de partida, ahora no es una reacción, sino una sensación física. Al igual que con tus reacciones, si practicás la observación y la reflexión, poco a poco vas a comenzar a ser más consciente de lo que siente tu cuerpo.

A veces, el cuerpo se ve afectado a largo plazo, y entender qué pasa y cómo resolverlo puede ser más complejo. A mí me pasó. mientras cursaba mi MBA en Madrid. En esa época, además de estudiar, trabajé a tiempo completo. Fue difícil sacar adelante ambas cosas y también tener tiempo para conocer, disfrutar y descansar. Recuerdo que cuando salí de los exámenes del primer trimestre, tuve una gripe bien fuerte, al punto que caí en cama. Esa fue la señal de mi cuerpo que me decía que le exigía mucho, tenía que cambiar algo si quería terminar mi maestría con éxito.

Hice varios cambios a raíz de eso. Me inscribí en un gimnasio y empecé a ir todos los días. Creé una rutina que funcionaba con mis clases, los trabajos en grupo y mi trabajo remoto en Honduras. Como pasaba todo el día entre la universidad y mi apartamento, procuraba salir a caminar, algo que me encantaba hacer en España. Caminaba por lo menos durante unos diez minutos al final del día y después me dormía temprano para poder descansar bien. Los fines de semana, para romper la rutina, trataba de no estudiar ni trabajar y me daba el tiempo que necesitaba para disfrutar. De ese modo logré balancear todo y cumplir todas las metas que tenía para ese año. Así como yo conseguí escuchar a mi cuerpo y encontrar equilibrio en mi vida, vos también podés hacerlo.

El cuerpo es central en tu proceso de crecimiento porque para poder desplegar toda tu capacidad intelectual, necesitás una base biológica sólida. La paz mental, la sensación de bienestar y el rendimiento profesional son asuntos que van más allá de la mente; son metabólicos, hormonales, neurológicos y conductuales. Lo que comés, cómo descansás y cuánta actividad física hacés son los cimientos de cualquier transformación positiva en tu vida.

Para preparar tu cuerpo para la metamorfosis, tenés que ser consistente de las decisiones que tomés y ponerte metas alcanzables y programas de ejercicio fáciles de integrar dentro tus rutinas actuales.

Nutrición

Para poder avanzar hacia la siguiente etapa, necesitás de un suministro constante de nutrientes. Esto permite que tu cerebro funcione en su máximo potencial. No soy nutricionista, pero te cuento lo que he aprendido.

El cerebro es muy sensible a la calidad del combustible que recibe y usa entre el 15 % y el 20 % de toda la energía del cuerpo. De acuerdo con la Organización Mundial de la Salud, una alimentación de estilo mediterráneo, rica en verduras, frutas, legumbres, frutos secos, aceite de oliva y pescado, favorece la función cerebral.[iii]

Más allá de la opción dietaria que elijas, lo cierto es que, para desarrollarte, necesitás energía de buena calidad. ¿Percibiste que tu mente está más aguda después de tomar jugos naturales llenos de vitaminas, alimentos proteicos, nutrientes de buena calidad? ¿Te pasó alguna vez que consumiste comida chatarra y quedaste como desganado, con la mente un poco nublada?

Si tus respuestas a estas últimas preguntas fueron sí, te digo que no sos el único. A mí me pasó muchas veces, hasta que descubrí que, si quería avanzar en mi vida, tenía que darle la mejor calidad de nutrientes a mi cerebro.

Tu mente es una máquina fabulosa y necesita una nutrición variada para dar lo máximo.

Es fácil seguir por la misma senda si tu costumbre es consumir con frecuencia comida rápida de mala calidad y alimentos llenos de químicos. Pero si querés cambiar, tenés que cambiar de combustible. La metamorfosis completa que estás encarando demandará muchísima energía, y la única manera en que podés obtenerla es a través de una buena alimentación.

Para poder transformarte, vas a tener que aprender sobre cómo tu cuerpo procesa los alimentos. Cuando consumís una comida basada en carbohidratos refinados, tu nivel de glucosa sube rápidamente y tu cuerpo libera insulina para bajarla con la misma rapidez.[iv] Lo que sigue es un descenso brusco que se manifiesta como somnolencia, irritabilidad o incapacidad para concentrarte. Muchos interpretan este bajón como cansancio "mental", sin entender que su origen está en una montaña rusa de glucosa provocada por la comida.

Una dieta poco balanceada puede estar llena de picos de glucosa, con consecuencias desastrosas. Una estrategia práctica que ayuda a evitar este ciclo consiste en asegurar que todas tus comidas tengan una combinación equilibrada de nutrientes. En particular, un desayuno balanceado puede mejorar tu productividad durante la mañana y ayudarte a empezar el día con energía.

Además de alimentarte bien, tenés que beber suficiente agua. El Centro de Control de Enfermedades de los Estados Unidos ha publicado estudios que muestran que la deshidratación leve es muy común y puede disminuir la atención y la memoria de trabajo.[v] Los médicos recomiendan beber agua con regularidad a lo largo del día, incluso antes de sentir sed.

Además de comer bien, hay que comer con cierta regularidad. Si dejás que tu hambre se acumule, es posible que el cuerpo te pida nutrientes que pueden ofrecer energía rápidamente, pero no son necesariamente de buena calidad. En lugar de recurrir a alimentos de baja calidad nutricional para combatir el cansancio, tratá de tener a mano opciones saludables, alimentos que te puedan dar un impulso de energía real. Estas decisiones, repetidas a diario, moldean tu metabolismo y mejoran tu rendimiento.

Ejercicio

El ejercicio es uno de los estimulantes cognitivos más poderosos que existen. Aunque mucha gente lo vea como una herramienta para quemar calorías, el movimiento actúa de manera directa sobre tu cerebro.

La actividad física regular fortalece el sistema cardiovascular y mejora tanto la sensibilidad a la insulina como la neuroplasticidad, potenciando tu capacidad de aprendizaje. Esto se traduce en mayor claridad mental, mayor velocidad para resolver problemas y una mejor capacidad para adaptarte a nuevas situaciones.

Además, el ejercicio regula hormonas relacionadas con el estrés. El cortisol, la hormona del estrés por excelencia, disminuye con el movimiento aeróbico.[vi] Por eso, una caminata de apenas diez minutos puede cambiar radicalmente tu forma de enfrentar cualquier tipo de problema que se te presente.

Integrar el ejercicio en tu vida incluye muchas posibilidades, no solo inscribirte en un gimnasio o dedicarle una hora diaria al entrenamiento. Tenés que hacerlo de manera sostenible y en armonía con el momento de tu vida y tu rutina.

Cuando el tiempo es limitado, las rutinas breves reflejan un impacto positivo en tu bienestar. En su libro *Hábitos Atómicos*,[vii] James Clear propone que intentemos integrar hábitos sin agregar esfuerzo. En mi caso, esto se traduce en realizar una caminata breve después del desayuno, caminar mientras escucho un podcast, usar las escaleras en lugar del ascensor, estacionar un poco más lejos del lugar donde voy o hacer estiramientos cortos entre reuniones.

Una clave para incorporar nuevos hábitos es saber que cuando combinás un hábito nuevo con uno que ya tenés en tu rutina, el nuevo se automatiza mucho más rápido. Tu cuerpo necesita constancia más que intensidad. Sobre todo, necesita sentirse seguro de que esta vez vas en serio.

Incluyo acá una propuesta simple para empezar a moverte, que te será especialmente útil si llevás una vida sedentaria o si la idea de hacer ejercicio te genera ansiedad. No es una rutina para exigirte ni para cumplirla a la perfección.

Aclaro que no soy médico ni especialista en deporte. Tan solo comparto aquí lo que a mí me funciona, a modo de inspiración. Más adelante, si sentís que querés profundizar, siempre podés buscar a alguien que te guíe. Por ahora, pensá en esta iniciación al ejercicio como una conversación entre vos y tu cuerpo, como decirle: volvamos a movernos de a poco. No necesitás ningún equipo. La única regla es escuchar lo que sentís y ajustar sobre la marcha.

Hay algunas formas muy simples y efectivas de volver al cuerpo e iniciarte al ejercicio regular. Podés simplemente empezar a caminar unos minutos, en tu colonia, en un parque o donde te sea práctico. Lo más importante es hacerlo con una frecuencia regular. Sea todos los días, día por medio o un par de veces a la semana, el cuerpo se va acostumbrando cuando incorporás el ejercicio a tu rutina.

Caminar es solo una posibilidad, también podés empezar a practicar un arte marcial o volver a practicar ese deporte que tanto te gustaba cuando eras adolescente. Otras opciones incluyen andar en bici o nadar. Sea lo que sea que hagás, tratá de estar presente, silenciá las notificaciones de tu teléfono y usá ese tiempo para conectarte realmente con tu cuerpo.

Recordá que el objetivo no es cansarte, sino recordarle a tu cuerpo que todavía sabe moverse. Se trata de abrir un espacio diario en tu vida para el ejercicio. Un acuerdo simple entre vos y tu cuerpo para volver a moverte de manera constante, sin exigencia y sin miedo.

Si hacés esto con regularidad, tu cuerpo va a empezar a cambiar sin que te des cuenta. Vas a respirar mejor, dormir mejor y sentir una energía que capaz hace años no sentías. La que te he propuesto son solo algunas ideas para comenzar a incorporar la actividad física a tu vida. A partir de acá podés incorporar las actividades que prefieras, e ir aumentando el tiempo y la intensidad, hasta llegar a una rutina de ejercicio que te va a ayudar a envejecer más lento y vivir una vida más sana.

Manejar el estrés

¿Alguna vez te sentiste como si tu cerebro tuviera demasiadas pestañas abiertas? Si es así, es probable que el cortisol esté involucrado. Cuando te sentís estresado, una de las principales piezas de la historia es esta hormona. Si querés que tu cuerpo y tu mente funcionen al cien por ciento, necesitás entender cómo funciona.

El cortisol es como ese compañero de apartamento insoportable que aparece siempre en el peor momento. Está ahí, dando vueltas en tu cuerpo, se mete en tus decisiones, te acelera cuando querés estar tranquilo o te deja agotado cuando más energía necesitás. Pero lo necesitás para vivir.

Cuando estás estresado, tu cuerpo interpreta que hay una amenaza real, como si estuvieras escapando de un tigre. Pero en la vida cotidiana, ese "tigre" suele ser un correo sin responder, una tarea pendiente, una conversación que estás evitando o un día saturado de responsabilidades. Ahí aparece el cortisol, listo para ayudarte a sobrevivir, aunque muchas veces te deja tenso e irritable, manteniéndote en modo de alerta incluso cuando querés descansar.

Cuando ese estado se sostiene demasiado tiempo o el ritmo natural del cortisol se desordena, empezás a notarlo: te cuesta dormir, estás más sensible, te cuesta concentrarte y sentís ansiedad sin que exista una amenaza real.

Sin embargo, el cortisol no es malo. Cuando está en equilibrio, te ayuda a activarte en la mañana, a tener energía y a sostener el funcionamiento básico de tu cuerpo. Es como una alarma… siempre y cuando no esté sonando a deshoras.

Podés influir en cómo respondés al estrés y ayudar a tu cuerpo a volver al equilibrio.

En muchos casos, no necesitás recurrir a medicamentos: tu cuerpo ya cuenta con mecanismos naturales para regular el cortisol. Podés ayudarlo a volver al equilibrio cuando comés mejor, dormís bien y hacés ejercicio, porque a través de esos hábitos le enviás un mensaje claro de que no hay una amenaza inmediata y no necesitás estar en modo alerta constante.

En mi caso, cuando duermo bien por la noche siempre me siento mejor. Del mismo modo, cuando salgo a caminar un ratito siento que la mente se limpia, y cuando como algo saludable, mi energía dura más. En gran parte, eso pasa porque esas actividades regulan el cortisol, permitiéndonos vivir con más equilibrio.

Entonces, la próxima vez que sintás ese nudo en la garganta o esa tensión en la espalda, hacé una pausa. Respirá. Escuchá a tu cuerpo que te pide alivio. Me ha pasado muchas veces y te aseguro que todo cambia cuando paro un momento, respiro, salgo al aire libre, bebo agua o como de forma consciente.

Cuidar tu nivel de cortisol es un acto de amor propio. Es decirte a vos mismo: no es necesario correr todo el tiempo. Al hacerlo, recuperás claridad, energía y esa versión de vos que piensa mejor, siente mejor y vive mejor.

El descanso

La dieta y el ejercicio son fundamentales, pero son mucho menos efectivos sin un sueño adecuado. La Fundación Nacional de Sueño de los Estados Unidos recomienda entre siete y nueve horas de descanso, con horarios regulares, incluso los fines de semana.[viii]

Dormir bien influye directamente en la memoria, el aprendizaje, el procesamiento emocional y la capacidad de concentración. Si alguna vez sufriste de insomnio, seguro ya conocés el valor de un buen descanso. Lo cierto es que el mal sueño puede causar incluso trastornos de salud mental.

Cuando dormís, tu cerebro se limpia y se prepara para el día siguiente. Esta es la máquina central de tu transformación. No solo porque controla tus pensamientos, sino también porque es responsable de todas tus funciones corporales.

Creá un ritual de desconexión durante los treinta minutos previos a dormirte.

Apagar todas las pantallas, bajar las luces y evitar las comidas pesadas ayuda al cerebro a transitar hacia un estado de calma. También es importante tratar de generar un hábito yéndote a dormir a la misma hora todas las noches: el cuerpo responde mejor cuando sabe a qué hora debe descansar.

Por otra parte, aunque soy amante del café, y en Honduras es realmente delicioso, tengo que decirte que la cafeína puede ser un problema. Si bien puede mejorar la concentración a corto plazo, su consumo interfiere con el sueño profundo.

Yo dejé de tomar café regularmente hace tres años porque me di cuenta de que tenía una dependencia. Pocas horas después de tomar una taza, ya necesitaba otra para volver a tener energía. Llegué a tomar entre cuatro y cinco tazas de café al día, porque la cafeína ya no me hacía efecto. Ahora me tomo una o dos tazas por semana para disfrutarlas, pero no las necesito.

Dejar el café me ayudó a mantener mi flujo de energía en un nivel estable. No tenés que hacer lo mismo, lo que sí te recomiendo es regular cuántas tazas de café tomás y establecer un horario de corte de cafeína. Por ejemplo, si solo lo tomás en el desayuno, podés mantener ciclos de sueño saludables sin sacrificar energía durante el día. Esto va a depender mucho de tu cuerpo, así que escuchalo. Yo creo que lo más importante es no tener una dependencia de la cafeína.

Por otro lado, hay apoyos que pueden servirte: aromaterapia, música que facilite el descanso, tés de hierbas o, en algunos casos, suplementos nutricionales. Usá lo que te funcione como una ayuda temporal, sobre todo al inicio, mientras construís hábitos que sostengan tu sueño. La meta es que tu cuerpo vuelva al equilibrio y que, con el tiempo, dependás cada vez menos de algo externo. Si no lo lográs, vale la pena buscar orientación profesional para entender qué está pasando. En un capítulo más adelante hablo de la meditación[ix], una herramienta que puede ayudar mucho a mejorar el sueño, sobre todo cuando el insomnio está relacionado con el estrés o la mente inquieta. Lo importante es no normalizar la falta de descanso. Si dormir mal se vuelve algo frecuente, es una señal de que algo necesita atención y vale la pena buscar apoyo profesional.

Integrar hábitos saludables

Sé que es muy fácil escribir un método para cuidar la salud, mucho más fácil que llevarlo a cabo. Por eso te propongo estrategias para que, incluso si tenés un trabajo muy exigente, podás nutrirte y cuidar tu cuerpo. Es importante que hagás un esfuerzo por salirte de la rutina de la comida rápida que te nutre poco y te llena de calorías innecesarias.

La falta de tiempo no es una excusa válida para comer mal. Hay comidas saludables que podés preparar en pocos minutos. Las comidas rápidas comunes ofrecen poca nutrición y muchas calorías vacías, carbohidratos que no te generan saciedad, al contrario, solo querés más. La mala nutrición se acumula con el tiempo y sin darte cuenta tenés un montón de desequilibrios en tu cuerpo que no sabés de dónde salieron.

Algo que a mí me funciona es ponérmela fácil. A mí me encantan las tajadas de plátano, son mi mayor debilidad. Si las tengo en la casa, no hay forma de que la bolsa se mantenga cerrada. Por eso, la mejor estrategia que he encontrado es no tenerlas en casa. No las compro, no las tengo a mi alcance. Así, no tengo que estar peleando conmigo mismo todos los días para no comerlas. Eso me enseñó algo importante: no se trata solo de fuerza de voluntad, se trata de ponértela fácil.

Si querés integrar hábitos saludables, eliminá los obstáculos, ponete las cosas buenas a la vista, y sacá de tu espacio lo que sabés que no te suma.

Lo mismo aplica con el movimiento. Si te cuesta hacer ejercicio, dejá la ropa lista la noche anterior, o buscá una actividad que realmente disfrutés. Si te cuesta tomar agua, tenela siempre a mano. Si se te hace difícil comer sano, llená tu refrigerador de cosas buenas. La idea es que tu entorno trabaje con vos, no en tu contra.

De la mano del hábito de comer bien viene el de moverte con frecuencia. Más allá de ir al gimnasio o incorporar una rutina de ejercicios, es importante mantenerte en movimiento a lo largo del día. Caminar, subir escaleras, estirarte, salir al aire libre. No es un extra ni algo que hacés si te sobra tiempo, es una prioridad. Tomártelo en serio implica darle un lugar concreto, ponerlo en tu calendario. Cuidar tu cuerpo y tu mente es, probablemente, lo más importante que vas a hacer esta semana, este mes, este año. Entonces, ¿cómo no darle un espacio en tu agenda?

Ahora bien, los días a veces se complican. ¿Qué harás cuando justo te surja un compromiso a la hora que tenías reservada para hacer ejercicio? En mi experiencia, incluso en días imprevisibles, el ejercicio se puede integrar de manera flexible. Si por alguna razón no lograste ejercitarte en la mañana, asegurate de hacerlo al final del día. Esto no solo mejora tu estado físico, sino que combate la rigidez mental y reduce el estrés. Lo más importante es que nunca estés dispuesto a dejar de lado tu rutina. Sea como sea, la tenés que integrar.

Cuando comés bien, te hidratás, te movés y dormís lo que necesitás, empezás a funcionar como debés. Mejora tu humor, tu energía dura más, aumenta tu concentración y tu desempeño crece sin que te pese el esfuerzo.

Es como afinar un instrumento: es el mismo, pero suena mejor.

Tu cuerpo es tu herramienta principal para trabajar, pensar y crear. Cuidarlo es una forma de preparar el terreno para lograr la transformación que te proponés.

En mi caso, comencé a hacer ejercicio cuando estaba en la universidad, empecé a ir al gimnasio una hora todos los días. Desde entonces he sido constante, aunque tengo que reconocer que antes de eso también tenía bastante actividad física en mi día a día: tomaba clases de educación física y de karate. La verdad es que siempre estuve en movimiento, pero a medida que me hice más consciente, se volvió más sistemático.

Hay muchas formas de moverse que se adaptan a cada uno y al momento en el que estamos. Antes de la pandemia, yo hacía crossfit todos los días, pero cuando cerraron los gimnasios busqué otra alternativa. Probé natación y me metí a tenis, me gustaron ambos. Me mantenía activo y lo disfrutaba. En esa etapa estaba bien, pero noté que estaba perdiendo masa muscular, así que decidí volver al crossfit. Ahora los combino: sigo haciendo tenis dos veces por semana, y además me compré una bici de montaña para salir con un amigo los fines de semana.

Moverse puede ser divertido y variado y, además, se puede adaptar a cada etapa de tu vida. Lo único inaceptable es no hacerlo. Cuidarlo es una necesidad básica. Tu rutina de ejercicio tiene que ser, ante todo constante. Descubrí qué es lo que mejor funciona para vos y mantenete en movimiento.

Entender los síntomas

La medicina tradicional asiática me parece fascinante para comprender a nuestro organismo a nivel somático. A diferencia de la medicina tradicional, la oriental busca entender qué emoción o aprendizaje está detrás de cada dolor o enfermedad.

Hace poco tuve una experiencia que me ayudó a ver esto con claridad. Empecé a sentir un dolor en el cuello, una especie de tortícolis que no se iba. Al principio, pensé que simplemente dormía mal, así que no le di importancia. Pero el dolor persistía, y me llevó a seguir investigando.

"El cuerpo, como todo lo demás en la vida, es un espejo de lo que interiormente pensamos y creemos".[x]

—Louise Hay

Terminé leyendo un libro de Louise Hay, *Tú puedes sanar tu vida*, donde explora la conexión entre el cuerpo y las emociones. Según su enfoque, muy alineado con la medicina oriental, cada parte del cuerpo tiene un significado simbólico. El cuello representa la capacidad de ver distintas perspectivas, de ser flexible mentalmente. Entonces, con la información que me dio mi cuerpo a través de ese dolor de cuello, busqué áreas en mi vida donde quizás soy terco o muy cerrado a nuevas posibilidades.

Era como si mi cuerpo me pidiera que soltara un poco el control y abriera mi mente. Desde que comencé a evitar esa actitud en mi vida, a mostrarme más abierto y menos apegado a mi propio punto de vista, el dolor comenzó a disminuir. Hoy en día, ya casi se ha ido por completo.

Esta es una reflexión personal basada en experiencias propias y lecturas. No soy médico ni terapeuta, y si estás atravesando por un dolor físico persistente, siempre es importante buscar atención médica profesional. La conexión entre mente y cuerpo puede ser poderosa, pero también necesitamos cuidar nuestra salud con responsabilidad.

Aprender a ver a la enfermedad como una señal útil y a cuidar y potenciar la energía de tu cuerpo te proporcionará el equilibrio necesario para continuar con tu transformación.

Al llegar al final de este capítulo, has adquirido importantes conocimientos que te permitirán alimentarte mejor, incorporar el ejercicio en tu vida de manera natural y sostenible, manejar mejor el estrés y aprender a descansar. También has incorporado conocimientos vitales sobre cómo interpretar las señales de tu cuerpo para mejorar tu bienestar e integrar hábitos saludables.

Una vez que incorporaste todas estas ideas sobre conocer tu mente y tu cuerpo, estás lista para conocer tu verdad, de lo que se trata el capítulo siguiente.

Ideas clave del capítulo dos

- *La claridad mental, el bienestar y el rendimiento no dependen solo de la mente, se construyen desde hábitos básicos como la alimentación, el descanso y el movimiento.*
- *El cuerpo muchas veces entiende antes que la mente. A través de sensaciones, tensiones o cansancio, te muestra lo que todavía no sabés nombrar.*
- *Cuando cuidás tu cuerpo, todo empieza a funcionar mejor: tu energía se sostiene, tu humor se equilibra y tu capacidad de crear y decidir se potencia.*
- *Construir hábitos saludables no es cuestión de fuerza de voluntad, sino de propósito. Tenés que facilitar lo que te hace bien y alejar con intención aquello que sabés que te desvía.*

Tu verdad

Pasamos ahora a un nuevo nivel en el camino de la autoconciencia. Para llegar a tu verdad interior, no alcanza con autoanalizarte, tenés que aprender a aceptarte como sos y olvidarte de las comparaciones. Al mismo tiempo, es esencial aprender a vivir de acuerdo con nuestros propios valores.

A veces ignoramos las partes de nosotros mismos que nos incomodan por miedo a sentirnos vulnerables. Sin embargo, cuando te aceptás de verdad, tu crecimiento se acelera.

Conocer tu verdad es un ejercicio diario de presencia, es parar en medio del caos para preguntarte cómo estás, qué necesitás, qué sentís realmente. Mucha gente se enfoca en si a otro le va mejor, pero eso no es nada productivo. En cambio, conocer tu verdad te va a permitir tomar mejores decisiones porque las vas a tomar desde tu centro.

En las secciones que siguen, vas a aprender a aceptarte, a dejar de compararte y a tratar de ser una mejor versión de vos misma. También se te brindarán claves para que aprendás a usar las redes sociales a tu favor, en lugar de en tu contra y algunas ideas útiles sobre los beneficios de la honestidad y la autenticidad para sostener tu crecimiento.

Aceptarte como sos

Cuando empezás a conocerte, inevitablemente aparecen partes de vos que preferirías no ver. Es normal, todos tenemos aspectos que nos gustan y otros que nos incomodan. El primer paso es aceptar que sos la suma de todo eso. No podés quedarte solo con lo lindo, lo incómodo también forma parte de tu historia. Negarlo sería negarte.

Aceptar no es justificarte ni castigarte, es mirarte con honestidad; desde ahí podés decidir qué sostener y qué transformar.

Podés decirte a vos mismo: "Sí, esto es algo que hoy me limita, pero no define quién soy para siempre". Por ejemplo, si te considerás una persona muy cerrada y te gustaría ser más social, el primer paso no es "forzarte a cambiar". Lo primero que tenés que hacer es decirlo sin vergüenza: "Me cuesta conectar con la gente y me incomoda, pero quiero mejorar y lo voy a hacer". ¡Felicidades, ya diste el paso más difícil!

Después, podés empezar por algo mínimo. El objetivo no es sentirte mejor de inmediato, sino animarte a cambiar aquello que no te gusta de vos. Por ejemplo, si sos el que menos habla en el grupo de WhatsApp de tus amigos, la próxima vez que estén conversando, animate a dar tu opinión. Hacelo sin pensarlo demasiado. Es solo un mensaje, nadie se va a acordar al día siguiente.

Para los demás, ese mensaje será insignificante. Para vos, es el primer paso concreto hacia el cambio que estás buscando. Y, casi sin darte cuenta, cada uno de esos pasos también va a fortalecer tu autoestima.

La próxima vez, animate a ir un poco más lejos. Si te invitan a una cena y tu primera reacción es quedarte en casa, no dejés que el miedo te controle. Cambiate y salí, a pesar de tu impulso por no salir. Pensá que lo hacés porque decidiste darle una oportunidad a la versión de vos que querés construir.

Desde el inicio del proceso de cambio, tenés que actuar como si ya fueras la persona que querés ser.

A mí me ha servido mucho actuar como la persona que quiero ser, antes de sentir que lo soy. Se trata de decidir con conciencia en qué dirección me quiero mover. Te doy un ejemplo personal: desde pequeño nunca me sentí muy atlético. Me costaban los deportes, sentía que no eran una de mis fortalezas y que no podía mejorar en ellos.

Años después, un amigo me propuso inscribirnos en un gimnasio. Mi primer instinto fue decirle que no, que yo no sabía entrenar y que ese no era mi mundo. Él insistió tanto que acepté. Empecé a entrenar, al principio sin saber bien qué hacía. Pero con cada entrenamiento, empecé a cambiar esa idea limitante de que "Yo no soy atlético" y la comencé a transformar en "Yo estoy aprendiendo a ser atlético".

Ese mismo amigo fue el que me metió en el tenis y luego en el ciclismo de montaña. Con el tiempo, el deporte se convirtió en una parte esencial de mi rutina. Si no me hubiera abierto a la posibilidad de romper la etiqueta que me autoimpuse, hoy seguiría con el pensamiento de que no soy bueno para el ejercicio físico. Han pasado quince años y el ejercicio se convirtió en un hábito.

Aunque estoy lejos de ser un atleta profesional, lo que me hace feliz es que me deshice de una idea limitante que tenía desde pequeño y eso me ha permitido avanzar en mi desarrollo. Además, encontré dos pasatiempos que me relajan y tengo una buena condición física. Lo que te quiero mostrar con estos ejemplos es que vos tenés el poder de transformar lo que no te gusta en lo que querés llegar a ser, porque podés elegir evolucionar cada día.

Enfocarte en vos

Los seres humanos tendemos a compararnos desde muy temprano. Incluso antes de nacer, pueden darse dinámicas de competencia por espacio y recursos en el vientre materno. Compararnos parece venirnos de fábrica.[xi]

El problema no es la tendencia a compararnos, sino dónde ponemos el foco.

Si nos enfocáramos más en nosotros mismos, podríamos llevar una vida más plena, valorando lo que tenemos, a las personas que nos rodean y lo que ya hemos construido. Sin embargo, muchas veces nos obsesionamos con lo que tienen los demás, y esa comparación constante nos arrastra de frustración en frustración.

Compararte con otros es una de las formas más rápidas de perder claridad. Cada persona es el resultado de todo lo que ha vivido. No existen dos historias iguales. Nadie tiene tus experiencias, tus aprendizajes ni tu contexto. Somos una unidad indivisible. Y si alguna vez vas a compararte con alguien, compará todo: no solo esa parte tuya que no te gusta con la parte del otro que parece funcionar mejor. Tu amigo puede tener una habilidad que admirás, pero también tiene cosas que a vos no te gustaría tener. Elegimos comparar la parte que nos hace sentir en desventaja sin ver todo lo que la rodea. Lo que vemos del otro es solo una parte y a veces ni siquiera es real.

La comparación es como correr una carrera mirando al carril de al lado. Si todo el tiempo estás mirando qué hace el otro no podés tener la vista en la meta, y así nunca vas a llegar. La clave para avanzar hacia lo que querés, es mantener el foco en vos y tus objetivos. Cuando te comparás, te frustrás, te desanimás y el único perjudicado sos vos.

La comparación funciona igual. Cuando mirás demasiado hacia afuera, perdés de vista tu propio camino y, sin darte cuenta, empezás a perseguir objetivos que no nacen de vos, sino de lo que ves en los demás.

Dejame darte un ejemplo que te ayudará a visualizar mejor esta idea. Supongamos que un amigo tuyo se compra un reloj nuevo. Lo ves y te gusta. Te desenfocás y pensás: "Me gustaría tener uno igual", "¿Por qué él puede y yo no?" Si te dejás llevar por eso, tal vez termines comprando un reloj que no necesitás, solo por compararte con tu amigo. Esto te va a alejar de tu meta real que quizás era ahorrar, invertir, viajar o emprender.

Otro problema de compararte es que siempre vas a estar un paso atrás. Es como en los negocios: el que solo copia al líder nunca va adelante, siempre llega tarde. Se dice que Elon Musk no cree en las patentes porque, según él, si estás realmente innovando, no necesitas protegerte tanto porque los que te copian ya están detrás de vos.

La innovación nace desde mirar hacia dentro y crear desde ahí.

Compararte te pone en modo de reacción en vez de creación. En cambio, cuando te enfocás en tu esencia, en lo que querés lograr, ahí es cuando realmente empezás a construir algo que deja huella.

La vida editada

Compararse hoy es más fácil que nunca. Las redes sociales lo hacen parte del día a día sin que tomemos conciencia de ello. Entrás a Instagram y pareciera que "todos" tus amigos están en la playa, de viaje o pasando un rato increíble. Mientras tanto, vos estas en tu casa, en la rutina; te sentís mal sin saber por qué.

Pocas personas suben una historia diciendo que tuvieron un mal día, que discutieron con su pareja o que fracasaron en un proyecto; lo que ves es una versión editada.

La mayoría de la gente muestra en redes sociales solo lo bonito de su vida, pero oculta lo que es íntimo, complejo y difícil.

Las redes sociales son una vitrina de lo mejor: la mejor foto, el mejor video, el mejor viaje, la mejor comida… pero no ves cuando los niños hacen un berrinche porque no querían posar para una foto. Así, sin darte cuenta, empezás a comparar tu vida entera con una partecita editada de la vida de los demás. Es una batalla que siempre vas a perder.

Yo ya lo he vivido en carne propia. Para combatir esa invitación a la comparación constante, durante años me desconecté de muchas redes. Cerré mi cuenta de Facebook y dejé de usar Instagram por más de dos años. Participo en LinkedIn, pero lo uso con poca frecuencia.

Sin embargo, con el tiempo entendí que aislarte por completo tampoco es realista; volví a usar Instagram, pero de una forma distinta: lo uso con intención. Sigo cuentas que realmente me nutren en temas de arte, diseño y negocios… cosas que me aportan valor. Además, le puse un límite de quince minutos por día. A veces pasan días sin que lo abra. Esto me ayuda a mantener claridad en mis metas y sobre todo a tener paz mental.

Comparto esto como una experiencia personal, porque creo que es importante estar atentos a cuánto nos están afectando las redes, cuánto influyen en lo que pensamos y en cómo nos sentimos. Si te distraés navegando en ellas por tiempos prolongados te podés desenfocar y empezar a perseguir cosas que nunca te interesaron de verdad. Cuando vas por ese camino, el costo termina siendo muy alto.

Vivir en sociedad implica relacionarnos, mirarnos y, a veces, compararnos. El problema no es compararte una vez, sino quedarte atrapado en ese círculo que se repite y se vuelve desgastante. Cuando te des cuenta de que te estás comparando, detenete y hacé el proceso introspectivo que hemos practicado en páginas anteriores:

¿Por qué me siento así?

¿Qué me muestra esta comparación?

¿Admiro algo que yo también deseo?

¿Estoy reaccionando desde una inseguridad personal?

Cuestionar tu interior de este modo te ayuda a distinguir los pensamientos intrusivos y a enfocarte en tu verdadero yo.

Aunque hablamos de la comparación de forma negativa, claro que existen matices. La comparación, bien usada, también puede impulsarte. Yo tengo muchos referentes y ver lo que han logrado me lleva a pensar, "Si ellos pueden, yo también puedo". La diferencia está en cómo lo vivís. Podés castigarte por no estar a la altura de la persona con la que te comparás, o podés usar esa comparación como un impulso para seguir avanzando hacia tus propias metas.

A este tipo de comparación positiva podés llamarla inspiración. Mientras compararte te detiene, inspirarte te mueve hacia adelante. Conocí a una persona que publicó un libro. Ver que alguien que yo conocía lo había logrado me abrió la puerta a imaginar que para mí también era posible. No me comparé… me inspiré. Sin esa inspiración nunca habría escrito *Metamorfosis*.

Ahora, te invito a hacer una pausa. Volvé a tu centro, preguntate qué querés, qué te llena, qué te hace bien. Mirate con honestidad, sin filtros, sin *likes*, sin expectativas ajenas.

El único camino que vale la pena es el que construís desde adentro y para eso, tenés que dejar de mirar hacia afuera.

Al final del día, tu única competencia debe de ser con vos mismo. Tu misión es ser mejor que el vos de ayer. Entonces, si te vas a comparar con alguien, hacelo con una versión anterior de vos mismo.

Vivir tu verdad

Llegaste hasta acá y, si hiciste el trabajo que exploramos en este capítulo, te puedo decir algo con certeza: ya tenés las bases para tu transformación personal. Conocerte, aceptarte y dejar de compararte te prepara para dar el siguiente paso: vivir con verdad. Se trata de vivir tu vida con honestidad, no desde lo que se ve bien, no desde lo que esperan los demás, sino desde lo que de verdad te importa, desde tu esencia.

Decir la verdad da paz. Hay una libertad enorme en vivir con la verdad. No actuar ni sostener personajes, te ayuda a mantenerte enfocado y a dormir tranquilo. Mentir, en cambio, es agotador. Requiere energía, control, cálculo, y tarde o temprano, todo se sabe.

La mentira es una carga. Muchas veces, por querer agradar o evitar quedar mal, terminamos perdiendo una de las cosas más valiosas que tenemos: la credibilidad. Cuando la gente sabe que sos una persona honesta, todo lo que construís se apoya en una base sólida. Cuando la falta de honestidad aparece, la confianza se erosiona y los vínculos se debilitan. Cuidar tu nombre es fundamental, porque es uno de los capitales más importantes que vas a tener en la vida.

Vivir con verdad no es solo hacia afuera: también es hacia adentro. La mentira más peligrosa es la que te decís a vos mismo. Hay que tener el coraje de ver las cosas como son, incluso cuando no te gustan. Mentirnos a nosotros mismos nos suele dar una comodidad momentánea, pero esa comodidad es cara: te estanca, te frustra y sabotea tu crecimiento.

Por ejemplo, si una persona que quiere bajar de peso se convence de que, "su cuerpo es así", y no puede cambiar, se aleja de su meta. Mientras tanto, come comida chatarra a todas horas. Si sigue justificándose, no va a avanzar. El día en que se diga la verdad, aunque le incomode, va a abrirle la puerta al cambio.

La honestidad con uno mismo es el principio de todo. Cuanta más sinceridad tengás con vos mismo, más fácil será tu desarrollo y tu metamorfosis. Conectate con tu causa, no con la apariencia.

Al vivir con verdad hacés lo que tiene sentido para vos, lo que está alineado con quién sos. Por ejemplo, si tu pasión es emprender, entonces vas a emprender, pero lo vas a hacer desde un lugar genuino, conectado con tu causa, no por razones superficiales.

"La gente no compra lo que hacés, sino por qué lo hacés".[xii]

— Simon Sinek

Simon Sinek explica que las empresas más exitosas raramente nacen del deseo de ganar dinero; nacen de una convicción profunda. Cuando el fundador está alineado con su causa, su empresa tiene alma, y eso se nota.

Eso mismo pasa a nivel personal; cuando hacemos algo desde las entrañas, encontramos una fuente inagotable de energía. Esto es lo que nos sostiene en los momentos difíciles y nos ayuda a tomar decisiones más sabias. Este tipo de decisiones son las que están alineadas con nuestra visión, porque solo así vamos a lograr lo que queremos.

Si estás conectado con vos mismo y querés comenzar una carrera, una familia, una fundación o cualquier otro proyecto de vida, vas a tener éxito en la medida en que estés alineado con tu esencia. Por el contrario, si lo hacés desde afuera, desde la comparación o el miedo, te vas a desgastar. Tarde o temprano lo vas a sentir, porque lo que estás haciendo no está conectado con vos.

Viví con honestidad y no con base en lo que el mundo espera de vos.

Olvidate de lo que "deberías" hacer. Enfocate en lo que realmente te representa y en expresar tu propia verdad.

Este capítulo te ha invitado a volver a vos, a ser honesta con vos misma y con los demás y a enfocarte en crecer desde tu propio punto de partida. Aprendiste a optimizar tu uso de las redes sociales, a utilizar la comparación como una herramienta que te impulse y no como una medida de tu valor y a reconocer que la autenticidad es la base de un crecimiento real y sostenido.

Ideas clave del capítulo tres

o *Aceptarte como sos puede ser un impulso para cambiar lo que no te gusta.*
o *Cuando dejás de compararte y volvés el foco hacia vos, empezás a valorar lo que sos, lo que tenés y lo que ya construiste. La comparación te frena, la inspiración te impulsa.*
o *El único camino que realmente vale la pena es el que se construye desde adentro. Mirar demasiado hacia afuera solo te aleja de vos mismo.*
o *Vivir desde la verdad da paz. Soltá los "debería", dejá de vivir según expectativas ajenas y animate a expresar lo que de verdad te representa.*

Potenciar tu esencia

Por más que intentés partir desde tu esencia y enfocarte en el principio de tu transformación, siempre puede haber momentos en que sintás que has perdido el rumbo. Todos los días, te levantás, cumplís rutinas y corrés tras obligaciones, con la sensación de que algo importante se quedó atrás. Sin embargo, en lo más profundo de tu ser, una voz susurra: "Detenete, respirá, volvé a tu centro".

Esa voz es tu conciencia llamándote a despertar. La atención plena es el principal puente hacia ese regreso. Aquí empezaremos a recorrer esta nueva parte del camino de tu metamorfosis.

En este nuevo capítulo aprenderás sobre los beneficios de la atención plena y empezarás a incorporarla en tu vida. También te daré algunas claves sobre las mentorías, para qué sirven y cómo elegir una buena mentora. Finalmente, veremos algunas ideas sobre cómo el arraigo en la raíz profunda de tu origen puede potenciar tu esencia al máximo y ayudarte en tu crecimiento.

Este tramo del camino es una invitación a bajar el ritmo, a mirar con más atención y a reconectar con lo esencial. A veces, volver al centro no significa avanzar, sino animarte a frenar lo suficiente como para escuchar aquello que venías dejando de lado.

En las páginas que siguen iremos recorriendo distintas formas de acompañar ese regreso: la presencia consciente, el valor de dejarte guiar y la fuerza que aparece cuando reconocés tu origen. Estos son tus apoyos para cuando el camino se vuelve confuso y necesitás volver para avanzar con claridad y sentido.

Atención plena

Jon Kabat-Zinn introdujo la práctica de la atención plena (*mindfulness*) en el ámbito científico como: "Prestar atención de una manera particular: intencionadamente, en el momento presente y sin juzgar". En esa simplicidad se esconde una revolución, porque si aprendés a habitar en el presente, empezarás, inevitablemente, a transformarte.

La metamorfosis comienza con una decisión y una intención profunda: la de despertar y mirar la vida con otros ojos. Cuando sentís que el estrés, la ansiedad o la desconexión te roban la alegría, mirá ese malestar como un llamado. El primer paso consiste en escuchar ese llamado con humildad.

Preguntate:

¿Qué parte de mí quiero cambiar?

¿Qué estoy dispuesto a soltar para encontrar paz?

La atención plena empieza en ese instante de honestidad.

Ahí germina la semilla del cambio. La presencia se cultiva igual que una flor: con paciencia, cuidado y constancia. Dedicale unos minutos cada día a detenerte. Cerrá los ojos, sentí tu respiración, observá cómo entra y sale el aire. Tu mente se va a distraer una y mil veces, y está bien, aprendé a apreciar el regreso. Podés practicar en silencio, al caminar, observá tu cuerpo o escuchá los sonidos del entorno. Lo importante no es la forma, sino la actitud: atención sin exigencia. Tenés que observar sin apego, sin pelear con tu mente. En esa quietud comienza la metamorfosis.

La atención plena se revela en lo cotidiano. Al comer, al ducharte, al conversar, cada gesto es una oportunidad para despertar. Cuando tomás agua, sentís su frescura. Cuando caminás, sentís el contacto del suelo. Cuando escuchás, lo hacés sin planear tu respuesta.

Empezá con pequeñas pausas conscientes. Tres respiraciones profundas antes de revisar el teléfono, una mirada atenta al cielo antes de entrar al trabajo, un instante de gratitud antes de dormir. Estos breves momentos de presencia son semillas de serenidad que, con el tiempo, transforman la manera en que habitás el mundo.

El verdadero avance no está en lograr la concentración perfecta, sino en aprender a aceptar la imperfección. Cada vez que te encontrés perdido en pensamientos, sonreí interiormente y volvé, no te critiqués, no te exijás. Uno de los mayores regalos que vas a recibir al lograr esto es descubrir que no somos nuestros pensamientos.

La mente produce ideas, recuerdos, juicios, pero nosotros somos los que los observamos. Al practicar atención plena, empezás a mirar la mente como un cielo que permanece sereno, aunque pasen nubes oscuras. Los pensamientos son solo eso: nubes pasajeras.

La ciencia moderna ha comprobado el poder transformador de la atención plena. Investigaciones del Massachusetts General Hospital mostraron que ocho semanas de práctica de atención plena reducen la reactividad de la amígdala, la zona del cerebro relacionada con el estrés, y fortalecen áreas que regulan la calma y la empatía.[xiii]

La atención plena transforma la manera en que vivís tu día a día.

La paz llega porque aprendés a estar bien con todo a pesar de los problemas. A medida que la práctica se profundiza, la vida se vuelve más ligera. Las emociones dejan de parecer tus enemigas y las dificultades se convierten en maestras. Tu metamorfosis te lleva a mirar desde otro lugar. Habrá momentos de duda, impaciencia o dolor, pero precisamente ahí reside el aprendizaje: en permanecer presente incluso cuando la mente quiere escapar.

Cada distracción, cada resistencia es una puerta hacia el autoconocimiento. La clave está en permanecer y mirar con curiosidad lo que surge. Con el tiempo, la práctica deja de ser un esfuerzo y se vuelve parte de vos. Estar presente ya no requiere disciplina, porque se ha vuelto tan natural como respirar.

La vida no te espera en el futuro, ni se perdió en el pasado. Está acá, ahora, en este preciso instante. Respirá, sentí, estás vivo.

Al igual que escribir o hacer ejercicio, el inicio de tu práctica de atención plena debe de ser sencillo. Podés comenzar con una meditación de cinco minutos al día, hay muchas aplicaciones para el celular que podés descargar si necesitás acompañamiento. También podés buscar algún taller o un grupo de personas que quieran empezar a meditar igual que vos. Hagás lo que hagás, lo importante es que encontrés una práctica que te inspire. Por ejemplo, podés parar para hacer una serie de respiraciones conscientes cada día en el mismo horario.

El estrés altera la pulsión vital de tu esencia, te aleja de quien sos y mucho más, de quien querés ser. Está comprobado que la atención plena baja el estrés y te acerca al centro de vos mismo. Si estás comprometido con tu metamorfosis, olvidate de las excusas, empezá hoy.

Mentoría

Conocerte a vos misma puede presentar grandes desafíos. La mentoría aparece como un espacio para mirar con claridad, sin juicios ni máscaras. No busca cambiarte, sino ayudarte a recordar quién sos cuando dejás de actuar para agradar o cumplir expectativas externas. En ese proceso, el mentor se convierte en un espejo consciente: alguien que te acompaña, te escucha y te ayuda a ver lo que vos solo no podrías notar. A veces no necesitamos respuestas nuevas, sino preguntas que nos despierten.

Un buen mentor no te aconseja ni te dirige.

Su poder está en reflejarte, en devolverte, con delicadeza y precisión, aquello que no ves de vos mismo. Vivimos dentro de nuestras narrativas internas. Desde su neutralidad, el mentor te ayuda a mirar tu interior con mayor profundidad. Puede mostrarte una creencia que repetís sin darte cuenta o un talento que habías subestimado. En cada sesión, su mirada te devuelve a vos misma con más claridad y menos ruido.

Las mentorías te hacen más consciente. Cuando alguien te escucha con atención, empezás a escuchar tu propia verdad. El corazón de las mentorías es una escucha activa y respetuosa.

Tener un mentor te ofrece un espacio donde podés hablar sin miedo, donde nadie te juzga ni busca tener razón. A medida que hablás, las piezas internas se ordenan, las emociones se aclaran y las respuestas empiezan a aparecer solas. Un buen mentor sabe cuándo callar, cuándo preguntar y cuándo invitarte a hacer una pausa. En esos silencios compartidos se abre el espacio de la comprensión y lo que parece confusión se transforma en sabiduría.

Los mentores eficaces trabajan con preguntas poderosas más que con respuestas. Te hacen planteos que no buscan convencerte, sino invitarte a mirar más hondo:

¿Qué parte de vos elige esto?

¿Qué evitás mirar?

¿Qué pasaría si dejaras de actuar por miedo?

Son preguntas que no se responden rápido, pero resuenan y abren grietas en la rutina de tu pensamiento. Todas las respuestas que necesitás están dentro de vos. El papel de tu mentor es guiarte para que las podás sacar. A diferencia de un amigo, el mentor no proyecta su historia en la tuya. Su mirada es empática pero también neutral.

Esa objetividad te permite explorar sin miedo a ser juzgada. Podés mostrar tus contradicciones, tus zonas oscuras y, desde ahí, construir entendimiento.

El mentor está preparado para decirte cosas que te resulten incómodas. Cuando te hace una pregunta que desarma tus certezas, lo hace porque sabe que del otro lado de la incomodidad está tu crecimiento.

Es importante que un mentor sea el puente entre el ser y el hacer. Primero, te ayuda a reconocer tus valores y tu propósito. Luego, te acompaña a diseñar pasos concretos para vivir en coherencia con tu esencia. Conocerte sin actuar es solo contemplación, y actuar sin conocerte es repetir tus errores. El crecimiento ocurre cuando ambas dimensiones se unen: comprensión y movimiento, introspección y decisión.

El mentor te ayuda a pasar de la intención a la transformación.

Entregarte a un proceso de mentoría puede darte trabajo. Es normal que aparezcan miedos o viejos hábitos que se resistan. El mentor está ahí para acompañarte en esos momentos, para recordarte tu fuerza cuando la olvidás y para sostener el proceso sin juzgarte. Él ve tu potencial incluso cuando vos no lo ves. Con el tiempo, entendés que el verdadero objetivo de las mentorías es aprender a ser tu propio observador consciente.

Cada persona es un universo. Así como debés encontrar la meditación indicada para vos, tenés que buscar un mentor que sea capaz de guiarte y comprenderte. Se trata de procesos muy personales, porque tu esencia es una materia vulnerable. Buscá el mentor que te pueda ayudar a crecer, alguien que te desafíe pero que siempre esté de tu lado, que te incomode, pero siempre te impulse. Si tu viaje de autoconocimiento te enfrenta con algo que te cuesta resolver solo, dejate ayudar y entregate al proceso. Esa decisión hará que tu transformación sea mucho más profunda.

Elegir a un mentor es una decisión importante. Se trata de una relación que toca cosas profundas, así que tiene que haber conexión. Tenés que sentirte cómodo y en confianza. Si comenzaste con un mentor y la dinámica falla, no pasa nada, buscá a otra persona. Yo antes pensaba que encontrar un mentor sería difícil. Pero con el tiempo, me di cuenta de que hay muchísima gente que quiere ayudar a otros a crecer, gente que encuentra sentido en acompañar a los demás en sus procesos.

Tu mentor ideal puede ser un profesor, un amigo mayor que vos, alguien con más experiencia en un área que te interesa o alguien que tiene una forma inspiradora de ver la vida. Buscá a alguien que te ayude a ver lo que pasa desapercibido para vos, que te escuche sin juzgarte y te desafíe. A lo largo de la vida podés tener varios mentores. Algunos aparecen en momentos específicos y después se van, otros te acompañan durante años. Cada uno cumple un papel distinto, algunos te guían en lo emocional, otros en lo profesional, otros en lo espiritual.

Lo esencial es que te hagan bien, que te sintás más en armonía contigo misma después de hablar con ellos y que su mirada te acerque a tu verdad. Si un mentor ya no te está dando resultado es porque cambiaste vos, cambió la dinámica o simplemente el ciclo terminó. Está bien soltarlo con gratitud, la despedida también puede ser parte del crecimiento.

La raíz

Si soñás con transformarte, necesitás conocer tu origen. Lo bueno es que hay algo en vos que siempre sabe de dónde venís, incluso cuando parece que lo has olvidado. Da igual si creciste en una ciudad enorme o en un pueblo pequeño, tu identidad se formó a partir de ese suelo. Cuando te desconectás de eso, algo en vos se desacomoda.

Podés vivir en otra ciudad, cambiar de trabajo, reinventarte mil veces, pero tu origen sigue dentro tuyo.

La antropología explica que el arraigo tiene un impacto enorme en cómo vivís y cómo pensás. Parece romanticismo, pero es tan solo neurobiología. Según investigadores de la Universidad de Oslo,[xiv] el sentido de pertenencia geográfica influye en la autoestima, la resiliencia, el bienestar emocional y la percepción de identidad.

Ni vos ni yo necesitamos leer un artículo académico para entender eso. Lo sabemos porque lo sentimos alguna vez: ese alivio que sentís cuando volvés al lugar donde creciste, el olor de cierta comida que te transporta a tu infancia, la forma en que tu cuerpo se relaja cuando escuchás un acento familiar. Es como si tu propio sistema nervioso dijera: "Ah, acá me encuentro bien".

No hace falta alejarse miles de kilómetros para perder la brújula.

A veces alcanza con alejarte emocionalmente, con creer que tu historia no importa o que tenés que "superar" tu origen para crecer. Eso pasa a veces en la juventud cuando nos creemos invencibles. Después, empezamos a sentir algo raro sin motivo, como si viviéramos una vida prestada.

Hay un concepto hermoso en la antropología latinoamericana, "memoria de lugar".[xv] Se refiere a cómo los espacios en los que creciste moldean tu modo de estar en el mundo, tus ritmos, tu manera de hablar, lo que considerás importante, lo que te emociona, incluso tu sentido del humor. Cuando cortás ese hilo, algo en tu identidad queda sin ancla.

Mucha gente recién comprende la importancia del arraigo cuando vuelve a su lugar. Eso fue lo que le pasó a un amigo que conocí en la universidad. Él vivió casi diez años en Estados Unidos. Cada vez que hablábamos por teléfono yo lo trataba de convencer de que se regresara, ya que a mí me pone triste cuando la gente se va de mi país. Él me decía que no veía como una posibilidad regresar a Honduras.

Por suerte, años más tarde, terminó volviendo porque se casó con una hondureña, y enseguida se dio cuenta de todo lo que extrañaba. La desconexión con su raíz le estaba afectando, no avanzaba profesionalmente, no se sentía a gusto, y no se daba ni cuenta del por qué. Ahora, tiene cuatro años de vivir en Honduras, dirige una empresa exitosa y ha formado una hermosa familia.

Así como la historia de mi amigo, tu historia personal está llena de coordenadas: la plaza donde jugabas, el olor a tierra mojada después de la lluvia, la parada del autobús que esperabas para ir al colegio, la voz de alguien que te hablaba con el acento exacto que te formó. Esas coordenadas son mucho más que detalles nostálgicos, son parte de tu estructura emocional. Los lugares funcionan como archivos sensoriales donde almacenamos partes de nuestra identidad. Si cambiás de lugar, tu memoria cambia, pero si volvés, se reactiva. Cuanto más conectado estés con tu raíz, más rápido y contundente será tu desarrollo personal.

Los árboles más fuertes son aquellos cuyas raíces se entrelazan con las de los árboles vecinos.

Estos sistemas de raíces interconectadas ayudan a los árboles a mantenerse firmes frente a vientos huracanados y permiten que los más resilientes compartan nutrientes con aquellos que luchan por sobrevivir. Esto me hace pensar en la vida humana: nadie crece completamente solo. Así como los árboles dependen de su comunidad subterránea, nosotros también necesitamos redes de apoyo para resistir las tormentas de la vida. La fuerza individual se multiplica cuando se da y se recibe apoyo. Los árboles nos enseñan que la resiliencia no es solo cuestión de firmeza, sino de conexión y de cuidado mutuo.

Además, estas raíces compartidas funcionan como un sistema de inteligencia colectiva: las señales químicas que viajan por ellas permiten que los árboles detecten peligros, enfermedades o sequías, y reaccionen de manera coordinada. Es impresionante cómo la naturaleza nos recuerda que la supervivencia y el bienestar están profundamente ligados a la colaboración, incluso en los niveles más ocultos de la vida.

La verdadera fortaleza no es solitaria.

Los árboles nos muestran que en la interdependencia está la estabilidad y que al cuidar a los demás y permitirnos recibir cuidado, nos hacemos más fuertes y capaces de enfrentar cualquier tormenta que se cruce en nuestro camino.

Al igual que los árboles, las personas que mantienen viva su conexión con la cultura de origen muestran mayor resiliencia emocional. Es decir: cuando sabés de dónde venís, tenés un piso firme para pararte ante el mundo.

El arraigo tiene que ver más con no perderse que con quedarse. Quiero aclarar que sentir arraigo no quiere decir quedarte para siempre en el mismo lugar, ni vivir atado a tus raíces. Se trata, más bien, de que tus raíces viajen con vos, que las llevés en el bolsillo como una brújula.

Somos lo que vivimos.

Lo que viviste permanece, aunque cambiés de país o de paisaje. Lo que sí se pierde es la conexión si la desatendemos. El desarraigo aparece cuando empezás a pensar que tu historia es poca cosa, o que no "encaja" con la vida que querés construir. Entonces, pasa algo curioso: cuanto más renegás de tu origen, más aparece, como si insistiera. Sentís culpa, nostalgia, enojo, hasta que un día entendés que no se trata de elegir, sos ambas cosas: el que se fue y el que sigue perteneciendo.

El arraigo se puede cuidar, aunque vivás lejos, porque depende más del vínculo emocional que del territorio. Hay formas simples, casi cotidianas, de alimentar esa conexión. Aquí te doy una lista de algunas que te pueden ayudar: mantener tu lengua o tu forma de hablar, escuchar la música de tu infancia o adolescencia, cocinar comidas típicas de tu familia o de tu región, volver a mirar fotos familiares y contar historias.

Ninguna de estas cosas reemplaza volver físicamente, pero todas suman.

Hay un aspecto del arraigo que a veces olvidamos: la gente. Más allá de los paisajes, la comida y los sonidos, son las personas las que te ayudaron a ser quien sos. Hay una memoria que está hecha de los nombres, los gestos y las conversaciones que te quedaron grabadas. El sentido de pertenencia comunitaria es un factor clave en tu bienestar emocional. Es muy importante sentir que sos parte de algo, que hay personas con quienes compartís una historia. Esa trama es tu refugio emocional. Cuando el mundo se pone difícil, volver a hablar con alguien de tu lugar te ayuda a restablecer el equilibrio.

A veces, volver duele, tu tierra te recuerda cosas que preferirías olvidar. Pero incluso en esos casos, el arraigo juega un papel importante: te ayuda a entenderte, a cerrar capítulos de forma consciente. Reconocer tu historia te ayuda a procesar emociones y a reconstruir tu identidad. Aunque muchos lo asocien con, "amar su origen", lo más importante es no negarlo.

El arraigo te conecta con vos misma.

Cuando te conectás con tu tierra empezás a ver todo más claro. Tenés un punto de referencia, una especie de brújula interna que te orienta en momentos difíciles. Sabés qué te importa, qué te enoja, qué te emociona, qué te define. En lugar de andar flotando entre las ideas que tienen los demás sobre las cosas, tenés desde dónde elaborar un pensamiento propio. El arraigo te da un piso, y desde un piso firme, podés crecer hacia donde querás. Podés quedarte, irte o volver, pero siempre desde tu centro.

Mientras escribía este libro, una conversación con un amigo terminó regalándome una de las metáforas más profundas sobre la transformación en el mundo Maya, originario de mi tierra. Dice la leyenda Maya que los dioses crearon la Tierra y cuando terminaron se dieron cuenta de que les había sobrado una pequeña flecha de jade. Era una flecha liviana, perfecta, pero sin destino.

Entonces la soplaron suavemente y la flecha se volvió colibrí. Un ser minúsculo, capaz de moverse entre mundos: entre lo que está y lo que estuvo, entre lo visible y lo invisible, entre la tierra y la memoria. Ese colibrí, dicen, es mensajero. Va de un corazón al otro llevando recuerdos y señales. No pertenece a un solo lugar: pertenece a todos los que atraviesa. Sin embargo, siempre vuelve, siempre encuentra el camino de regreso, como si estuviera hecho de memoria más que de alas.

El arraigo funciona igual. Es esa flecha que salió disparada cuando te fuiste, cuando creciste, cuando cambiaste de paisaje o estilo de vida. A veces sentís que te alejaste demasiado, que tu vida quedó muy lejos de lo que fuiste. Pero en algún punto, en una música, un olor, una voz, un color, algo en vos vuelve a convertirse en colibrí y regresa sin pedir permiso.

Vos también sos un mensajero entre mundos.

Tenés un pie en el presente que construís y otro en la tierra que te vio crecer. El colibrí vive justamente en ese movimiento. No necesita quedarse quieto para saber quién es. Al volar reafirma su identidad en lugar de perderla.

Los Mayas decían que cuando un colibrí aparece cerca tuyo, trae un mensaje de tus ancestros. Yo creo que cada vez que recordás tu lugar, aunque sea por un instante, estás escuchando ese mensaje. Esa sacudida emocional que sentís cuando comés algo que cocinaba tu abuela o cuando escuchás un acento familiar, es un colibrí interno golpeándote el pecho con las alas. Te está diciendo: "Recordá lo que te hizo ser quien sos".

El mito también cuenta que nadie debe tocar al colibrí, porque su misión es sagrada. Me gusta pensar que el arraigo es igual: no tiene que ser manipulado ni corregido para encajar. Tiene que ser honrado, cuidado y escuchado. Es algo delicado que vive en vos y que sabe exactamente dónde están tus raíces, incluso cuando sentís que te perdés un poco. Lo más bello de este mito es que el colibrí no vuelve a su flor porque esté obligado, vuelve porque ahí encuentra su alimento. Lo mismo pasa con tu tierra: el arraigo no te encierra, te nutre. Te recuerda quién sos para que podás ir hacia donde querás. Tal vez por eso, cada vez que volvés a tu origen, sentís alivio. Es más que nostalgia, es tu flecha interna que encuentra una vez más su forma de colibrí.

Al llegar hasta acá, has dado un gran paso. Ya te diste el permiso de mirar hacia adentro, te animaste a conocerte, a entender qué te mueve y de dónde venís. Me alegra que lo hayás logrado. Llegó el momento de dar el siguiente paso: ahora vas a decidir qué vas a hacer con todo eso que descubriste. Para eso necesitás abrir la mente y animarte a crecer desde la posibilidad real de convertirte en tu mejor versión. La próxima etapa de tu metamorfosis se trata de adoptar una mentalidad que te ayude a interactuar con todo lo que te rodea. Una vez que ya sabés quién sos, es momento de ver hasta dónde podés llegar.

Ideas clave del capítulo cuatro

o   *Practicar la atención plena te permite percibir y procesar tus pensamientos.*

o   *La vida sucede ahora, en este instante en el que respirás y existís.*

o   *Tu transformación nace de preguntas honestas que invitan a mirarte.*

o   *Un mentor busca acompañarte a mirar más profundo, ampliar tu perspectiva y conectar con una comprensión más honesta de vos mismo.*

o   *Cuanto más conectado estés con tu raíz más auténtico será tu crecimiento.*

Parte dos: Conexión

> *"Cuando cambiamos la forma en que vemos el mundo, cambiamos el mundo".*
> *Stephen R. Covey*

Este es el momento donde comenzás a vincularte con el mundo desde un lugar más consciente. No se trata de salir a probarte, sino de aprender a escucharte mientras te movés, interactuás o cuando te equivocás.

En esta etapa, la atención se amplía. Empezás a registrar cómo reaccionás frente a los demás, cómo respondés ante los desafíos y qué patrones se repiten. Cada error, cada incomodidad y cada emoción se vuelve información valiosa para seguir ajustando tu camino.

Después de reconocer tu esencia, llega el momento de ponerla en juego. No con grandes gestos, sino con pasos pequeños y decisiones cotidianas. Conectarte con el afuera implica aprender a relacionarte con lo que te rodea sin perderte, a moverte sin dejar de escucharte y a crecer a partir de la experiencia real. En esta etapa vas a aprender a relacionarte con el mundo que te rodea. Vas a empezar a escucharte de una manera más profunda y lograrás aprender de tus errores y de tus reacciones como nunca.

Cuando pasás de la etapa de conocer tu esencia a la de conectarte con el afuera, comenzás a desplazarte y descubrir el mundo. En la etapa anterior, ya descubriste que sos único y maravilloso. Para moverte, tenés que dar pasos pequeños y aprender a relacionarte con lo que te rodea.

Según Carl Jung, pasamos la primera mitad de nuestra vida desarrollando un ego sano. Lo que le da forma a tu ego es la interacción con los demás, por eso, esta segunda etapa tiene mucho que ver con el desarrollo de la resiliencia y la inteligencia emocional.

Mientras crecés dentro de los límites de tu ego, no llegás a la transformación radical de la metamorfosis completa. Sin embargo, la etapa de la autoconciencia por la que acabás de pasar es fundamental para lograr tus objetivos.

Durante los primeros 18 años de nuestras vidas, aproximadamente, nos guían nuestros padres o guardianes. En ese tiempo, la mayoría de las decisiones importantes las toman ellos, hacen lo que creen que es lo mejor para nosotros.

Un punto de inflexión en nuestras vidas es cuando nos damos cuenta de que nuestros papás han tomado las mejores decisiones que han podido, sin embargo:

Somos libres de elegir nuestro propio destino.

Suena sencillo, pero para llegar a ese punto se necesita una gran apertura mental y estar dispuestos a destruir paradigmas. Ese momento es trascendental, porque significa que has desarrollado la apertura suficiente para entender que existen otros puntos de vista, otras formas de vivir. Entonces, comprendés que podés tomar decisiones distintas a las que tomaron por vos, no porque hayan estado mal, sino porque cada persona es única y porque los tiempos cambian.

Llegar a ese punto de inflexión también te indica que has hecho un buen trabajo conociéndote, ya que solo podés destruir paradigmas y crear tus propias verdades si te conocés bien. Con esto no quiero decir que nuestros padres se hayan equivocado. Al contrario: tomaron las decisiones que, desde su experiencia, creyeron que eran las mejores para nosotros.

Lo más valioso que mis papás me enseñaron no fue qué decisión tomar, sino cómo tomar decisiones. Me enseñaron a razonar, a equivocarme y a aprender y, para mí, ese es el regalo más importante de todos. Me dieron una caja de herramientas, me enseñaron a usarlas, y ahora yo las puedo usar para crear lo que quiera.

Aceptar que equivocarse es parte del camino, no es fracasar, es crecer. Ese es el corazón de la mentalidad de aprendizaje que define esta segunda etapa que, como verás, está dividida en varios capítulos que avanzan en complejidad y profundidad.

En el primer capítulo, De obstáculos a oportunidades, aprenderás a abrazar al error y a la incomodidad como maestros, a cuestionar tus creencias y a ejercer el aprendizaje con constancia.

En el segundo capítulo, Inteligencia emocional, vas a aprender sobre cómo entender tus emociones, cómo ser más resiliente y aceptar a los demás. Este conocimiento te permitirá tener relaciones más sanas y reacciones más controlables, además de prepararte para futuras adversidades.

En el tercer capítulo, La fuerza verdadera, tendrás tu inteligencia emocional más desarrollada. La vas a poner en práctica para mejorar tu desempeño a varios niveles. Así, comenzarás a dominar herramientas para la toma de decisiones y aprenderás a soltar el control y a ejercer el perdón con sabiduría.

De obstáculos a oportunidades

En esta etapa aprenderás cómo hacer que situaciones que antes parecían negativas se vuelvan a tu favor. Lo vas a lograr aprendiendo de tus errores, cuestionando ideas impuestas desde fuera y desarrollando la resiliencia y la constancia.

Cuestioná tus creencias

Para potenciar la esencia que descubriste en la primera parte de este libro, al tiempo que interactuás con el mundo que te rodea, vas a tener que empezar por cuestionar lo que siempre creíste que era verdad. Porque si nunca lo cuestionás, es muy probable que no vivás tu vida, sino que estás repitiendo alguna vida ajena.

Este paso será más fácil si hiciste bien el trabajo de la etapa anterior. Si lograste conocerte en profundidad, seguramente ya empezaste a notar qué cosas realmente vienen de vos y qué cosas simplemente repetís porque te las enseñaron desde pequeño.

Ese aprendizaje se vuelve crítico cuando te toca tomar decisiones importantes: qué estudiar, en qué trabajar, qué camino seguir. ¿Tu carrera la elegiste porque te apasiona o porque fue la que estudió tu papá? ¿Vivís de acuerdo con lo que querés o lo que se espera de vos? ¿Tomás decisiones desde tu deseo o desde el miedo a decepcionar?

Lo mismo pasa con la sociedad. A veces ni siquiera se trata de tu familia sino de lo que ves en redes o lo que se espera de vos. Sin darte cuenta, empezás a caminar por ese camino "correcto" aunque no tenga nada que ver con tu esencia. Por eso cuestionar es tan importante, porque solo cuando desarmás esas creencias heredadas podés empezar a construir las tuyas. No todo lo que aprendiste está mal, pero no todo es para vos. Tu trabajo es descubrir qué es lo que es realmente tuyo y para eso hay que animarse a dudar.

Abrazá la incomodidad

Para seguir avanzando después de distinguir las imposiciones externas de tu esencia, vas a tener que abrazar la incomodidad, y empezar a verla como una señal de crecimiento. Todo lo que vale la pena en la vida empieza con un poco de incomodidad. Pensalo: aprender algo nuevo, conocer gente distinta, tomar una decisión importante, cambiar de rumbo, todo eso da miedo, te incomoda, te saca de tu lugar seguro. Pero justamente por eso, es poderoso.

Si no hay incomodidad, no hay crecimiento.

El crecimiento aparece cuando algo te saca de tu eje y te obliga a aprender. Ahí es donde te expandís. A mí me ha pasado muchas veces. He sentido mariposas en el estómago antes de hablar en público, he dudado al tomar decisiones sin garantía de éxito y he tenido miedo de no estar a la altura.

Esas sensaciones no son una señal de error, sino de novedad. Indican que estoy haciendo algo distinto y avanzando en mi desarrollo. Cuanto más te animás a cruzar esa barrera, más se reduce el miedo. Te das cuenta de que no te mata, que lo podés manejar y que, después de la incomodidad, siempre llega el aprendizaje.

Así que la próxima vez que algo te cause incomodidad, no salgás corriendo; sentila, escuchala y preguntate: "¿Qué me quiere enseñar esto?".

Abrazar la incomodidad es entender que, en ese lugar incómodo, está la puerta hacia tu mejor versión.

El error es tu maestro

Así como abrazaste la incomodidad, ahora te toca abrazar tus errores. Esto es algo que cuesta bastante en nuestra sociedad. Desde pequeños, nos enseñan que el error es algo malo, que hay que evitarlo porque es sinónimo de fracaso. Pero ¿qué pasa si te digo que el error, bien usado, puede ser uno de tus mejores maestros?

Cuando perdés el miedo a equivocarte se abre un nuevo mundo. La realidad es que el miedo al error te paraliza y te encierra en lo conocido, te hace jugar a lo seguro. En cambio, cuando entendés que equivocarte es parte del camino, te animás a arriesgar más y a aprender más.

Muchas veces me equivoqué al tomar decisiones. Elegí caminos que no eran los correctos, confié en personas que no lo merecían y aposté por ideas que no funcionaron. Sin embargo, cuando miro hacia atrás, me doy cuenta de que cada uno de esos errores me enseñó algo que no habría podido aprender de otra forma.

El error te obliga a mirarte. Te muestra lo que no sabías y también lo que no supiste ver. Si tenés la humildad de escucharlo, deja una lección que vale oro. El verdadero desafío está en cómo reaccionás cuando te equivocás: ¿te castigás, te cerrás, te rendís… o usás esa experiencia para ajustar el rumbo y crecer?

En una etapa de mi vida confié un proyecto importante a una persona que no estuvo a la altura. Me mintió sobre el avance y, cuando me di cuenta, el daño ya estaba hecho. Mi primer impulso fue dejar de delegar y empezar a desconfiar de cualquier proyecto que no pasara directamente por mí.

Con el tiempo y mucho trabajo personal entendí lo que esa situación venía a enseñarme. No podía juzgar a todos por el error de una sola persona. También aprendí que no todo es delegable y que hay partes de los proyectos que, por su tamaño o impacto, requieren mayor cercanía, criterio y responsabilidad de mi parte.

Ese error no me cerró; me afinó. Me ayudó a delegar mejor, a elegir con más cuidado y a confiar sin ingenuidad. A veces, crecer no es evitar equivocarte, sino aprender a leer con claridad lo que cada error viene a mostrarte.

Cuando sintás miedo a equivocarte recordá esto: nadie ha logrado algo grande sin antes equivocarse muchas veces. Así que cuando te pase, pregúntate: ¿qué puedo aprender de esto? Cada error, si lo sabés leer, es un paso más hacia tu mejor versión. Por ese motivo, cambiar tu relación con el error es fundamental. Te propongo que lo veás como una oportunidad de ajustar, aprender y volver a intentar.

Nos enseñan durante mucho tiempo, en la escuela y en el trabajo a evitar el error: "Hacelo bien o no lo hagás". Nuestros maestros y colegas tal vez nos lo dicen con las mejores intenciones, pero está probado que esa no es la mejor forma de aprender.

Una investigadora llamada Janet Metcalfe[xvi] analizó decenas de estudios sobre aprendizaje y errores, y concluyó que el *errorful learning,* es decir, aprender a través del error seguido de una retroalimentación correctiva, suele ser más efectivo que intentar evitar errores desde el principio.

Cuando cometés un error en el proceso de aprender algo nuevo y alguien te corrige, o vos misma lo revisás, tu cerebro organiza la información de un modo más profundo. Es más probable que retengás la versión correcta cuando tu mente corrigió una versión incorrecta, que si la aprendiste perfectamente desde el inicio sin equivocarte. Por lo tanto, errar es una parte indispensable del proceso de aprendizaje.

Error y resiliencia

Aprender de los errores no es solo un ejercicio racional; tiene un fuerte componente emocional. Fallar suele activar miedo, culpa o vergüenza, y eso muchas veces nos impide mirar con honestidad qué pasó. La clave está en cambiar la forma en que interpretamos la equivocación: dejar de verla como un fracaso y empezar a leerla como información.

Cuando aceptás que errar es parte del camino, el peso de los errores baja. Sin culpa ni perfeccionismo, aparece un espacio más fértil: el de la curiosidad. Desde ahí podés revisar qué hiciste, qué influyó en el error y qué podés ajustar la próxima vez.

Curiosamente, equivocarse no garantiza aprender. En un experimento llamado *Facing Failure*, investigadores observaron que muchas personas, aun recibiendo retroalimentación, repetían los mismos errores. No por falta de capacidad, sino por no detenerse a reflexionar. Aprender no depende solo del error, sino de la mirada que ponés sobre él.[xvii]

El aprendizaje real aparece cuando analizás el error y te comprometés a cambiar algo. Si después de fallar seguís sin reflexionar, el error pierde su función transformadora y se vuelve solo un tropiezo más en un camino que se repite.

Si todo es mi responsabilidad, me doy a mí mismo el poder enorme de transformar lo que yo quiera.

Algunas personas, después de equivocarse, buscan volver a sentirse bien sin analizar lo ocurrido: justifican, minimizan, se distraen. De ese modo, pierden la oportunidad de crecer. Por eso, el camino hacia el aprendizaje desde el error exige valentía y honestidad con uno mismo.

El valor colectivo del error

Aprender de los errores también te enseña a relacionarte con los otros, ya que tiene un valor enorme en lo colectivo. Cuando quienes lideran se toman el tiempo para reflexionar sobre sus errores, admitir vulnerabilidades y aprender, desarrollan humildad como rasgo de liderazgo.[xviii] Esa humildad, en contraposición al mito del líder perfecto e infalible, genera mayor confianza y mejora el desempeño de los equipos.

Un líder que no teme equivocarse, que admite sus errores, altera sus decisiones y aprende, crea un entorno donde otros se animan a proponer y a equivocarse, sin culpa ni vergüenza. Esa cultura de ensayo, error, retroalimentación y mejora cambia la forma de colaborar y de crear. En este tipo de entorno, los errores ya no son tabú, se convierten en una parte natural del camino hacia un estado superior.

Poné el error al servicio de tu crecimiento, permitite fallar y aprender. Evitá que los errores te definan. Lo que te define es lo que hacés después: si te detenés y te quedás con la culpa, o te levantás, aprendés y seguís. Aprender de los errores te da dos cosas valiosas: conocimiento y fortaleza emocional. Es la diferencia entre tropezar una vez y quedarse tirado, o tropezar, levantarse y avanzar. En ese recorrido, el error deja de ser tu enemigo para convertirse en tu aliado.

Aprendizaje constante

El aprendizaje no se termina cuando salís de la escuela o de la universidad. Al contrario, ahí es donde comienza. La gente que más admiro es la que nunca deja de aprender. Tu característica más importante y valiosa en la segunda etapa de tu metamorfosis es la mutabilidad. Hay personas que se dicen a sí mismas, "yo soy así".

De este modo, se niegan la posibilidad de cambiar y, por lo tanto, de crecer.

Salir y descubrir cómo conectarte y cómo mejorar tus relaciones con tu entorno te empuja hacia la próxima etapa en tu metamorfosis. Lo más importante que tenés que hacer en esta etapa es aprender, aprender y aprender.

Observándome a mí mismo y a otras personas, he descubierto que hay una diferencia enorme entre ver al aprendizaje como una obligación o como un estilo de vida. Cuando lo elegís y realmente te comprometés con tu crecimiento, todo cambia. Te volvés más abierto y adaptable. En un mundo que cambia tan rápido como el nuestro, la adaptación es una ventaja enorme.

Hoy en día, el conocimiento es más accesible que nunca. Tenemos acceso a podcasts, libros, conferencias por YouTube, eventos profesionales y mucho más. El problema es la falta de intención: tenés que querer aprender y hacerte un espacio en tu vida para eso.

Es clave encontrar tu forma de aprender. Todos absorbemos el conocimiento de diferentes maneras. A mí, por ejemplo, me encantan los audiolibros. Los escucho mientras manejo, mientras camino, o incluso cuando entreno. Descubrirlos fue un antes y un después en mi forma de consumir contenido. También me gusta aprender hablando con gente que admiro, haciendo preguntas, escuchando sus historias.

Es importante entender que el aprendizaje no siempre viene en forma de clases estructuradas. Yo soy una persona enfocada en los resultados, entonces me gusta ver los frutos de mis esfuerzos. Con el aprendizaje, sin embargo, no siempre se puede. A veces está escondido en una conversación, en un fracaso o en un momento incómodo.

Siempre hay espacio parar mejorar y aprender. Esta mentalidad te mantiene humilde y te recuerda que todavía hay camino por recorrer. Lejos de ser una debilidad, esta puede ser una de tus mayores fortalezas porque te mantiene alerta, listo para sacarle el jugo a cada experiencia que se presente en tu camino.

Constancia

Esta etapa de la sección sobre Conexión se cierra con un concepto vital para tu transformación: la constancia. Para tener impacto, la mentalidad de crecimiento tiene que traducirse en acción, y tiene que ser sostenida a lo largo del tiempo. Podés leer todos los libros del mundo, ver todos los videos, hacer todos los cursos, pero si no ponés en práctica las nuevas ideas, es muy difícil crecer. Para eso tenés que aplicar lo que aprendés. Hay que incorporar el conocimiento y usarlo a la hora de tomar decisiones. Si te equivocás, te toca ajustar y volver a intentar, lo que implica estar en constante movimiento.

Acá quiero hacer una distinción importante: no se trata de hacer todo, todo el tiempo, sin parar. Se trata de actuar con constancia, más que con intensidad. Lo que te hace avanzar no es el impulso del primer día, es la capacidad de sostener el ritmo. He aprendido que lo más importante no es hacer mucho en un solo día, sino hacer un poco todos los días. Dar un paso, por más pequeño que sea, es mejor que quedarte quieto y esperar el momento perfecto.

Además, cuando actuás con constancia, el aprendizaje se vuelve más profundo porque lo estás integrando. Ves qué funciona, qué no y qué te hace bien. Actuar con constancia es construir un camino verdadero, tuyo, paso a paso. Tenés que trazar tu ruta sin compararte ni buscar atajos, enfocándote en avanzar.

La constancia también puede verse como una forma de confianza en vos mismo. Cada acción realizada y cada tarea cumplida refuerzan la idea de que sos capaz de cumplir lo que te proponés. Además, se genera un efecto acumulativo: aunque las mejoras diarias parezcan mínimas, al cabo del tiempo se convierten en un avance enorme. Esta acumulación progresiva es la que diferencia a quienes alcanzan resultados de quienes abandonan a mitad de camino.

Ser constante implica reconocer tus propios límites, organizar tu tiempo de manera eficiente y permitirte descansar cuando sea necesario. La clave está en no rendirte, en volver al camino una y otra vez. Incluso los retrocesos forman parte del proceso, y la constancia es precisamente lo que te permite recuperarte de ellos. Te dejo algunas prácticas para desarrollar la constancia.

- ***Definí objetivos claros y realistas.*** *Cuando tus metas son específicas y alcanzables, es más fácil mantenerte enfocado. Dividí tus objetivos macro en pasos más pequeños para simplificar tu avance.*

- ***Creá una rutina.*** *La constancia se construye sobre hábitos. Establecé horarios o momentos del día dedicados a trabajar en tu objetivo y cumplilos como un compromiso personal.*

- ***Registrá tus avances.*** *Llevar un seguimiento con un diario, una aplicación o una hoja de cálculo te ayuda a visualizar avances y a mantener la motivación.*

- ***Celebrá los pequeños logros.*** *Reconocer tus avances refuerza tu compromiso y te recuerda que estás avanzando, incluso si el progreso parece lento.*

- ***Anticipá obstáculos.*** *Identificá qué podría dificultar tu constancia (falta de tiempo, distracciones, cansancio) y planificá cómo afrontarlo.*

- ***Sé paciente.*** *El cambio real toma tiempo, la constancia es la herramienta que convierte tus esfuerzos diarios en resultados duraderos.*

Has llegado al final de una parte muy importante del libro. Espero que, poco a poco, podás aplicar todo lo aprendido en tu vida. En el capítulo que acabás de terminar, aprendiste a cuestionar tu propia visión del mundo, a resignificar las experiencias difíciles y a entender que incluso los errores tienen un valor cuando los vemos como parte de un aprendizaje constante. Empezaste a ver que crecer no es evitar equivocarse, sino animarse a revisar, ajustar y seguir avanzando con mayor conciencia.

También aprendiste sobre la resiliencia y descubriste que no es solo un proceso individual, sino un valor colectivo que se fortalece cuando se comparte. Al mismo tiempo, incorporaste algunas ideas importantes acerca de la constancia y la necesidad de sostener el compromiso día a día, incluso cuando el progreso parece invisible. Con estas herramientas, estás listo para desarrollar, en el capítulo siguiente, un tipo de inteligencia clave para tu transformación: la inteligencia emocional.

Ideas clave del capítulo cinco

- *Cuando entendés que equivocarte es parte del camino, te animás a arriesgar y a aprender más. Perdés el miedo a equivocarte y se abre un nuevo mundo.*
- *Admitir nuestros errores y aprender de ellos abre paso a entornos más creativos, y colaborativos.*
- *Todos absorbemos el conocimiento de diferentes maneras. Encontrar tu propia manera de aprender es vital para tu crecimiento.*
- *La clave está en no rendirte. Ser constante implica reconocer tus propios límites, organizar tu tiempo de manera eficiente y permitirte descansar cuando sea necesario.*
- *Avanzar no es cuestión de intensidad, sino de constancia y de sostener el ritmo a lo largo del tiempo.*

Inteligencia emocional

La inteligencia emocional es esencial en la etapa de la Conexión. Es donde desarrollamos las herramientas que le permitirán a nuestra nueva versión relacionarse de manera saludable con otras personas.

Lo primero que vas a aprender en este paso hacia tu metamorfosis es a aceptar a los demás como son, lo que te ayudará a tener vínculos más sanos y colaboraciones más productivas. Luego, aprenderás a desarrollar resiliencia emocional y a utilizar la adversidad como una oportunidad para el aprendizaje.

Aceptar a los demás

Cada persona tiene su ritmo, su historia, sus heridas y sus aprendizajes. Así como a vos te ha costado llegar hasta acá, los demás también están atravesando sus propios procesos.

Una parte importante del crecimiento es entender que no todos están en el mismo momento que nosotros.

No todos estamos enfocados en las mismas preguntas ni en las mismas etapas de desarrollo. Algunas personas están mirando hacia adentro, otras están resolviendo lo inmediato. No se trata de quién está más adelante, sino de aprender a comprendernos y relacionarnos mejor desde donde cada uno está.

Cuando comenzamos a transformarnos, es fácil caer en la trampa de querer que todos a nuestro alrededor también crezcan al mismo tiempo, pero eso raramente va a pasar. Aceptar a los demás como son es un acto de madurez y de humildad.

Significa que dejás de querer cambiar a los demás y aprendés a acompañarlos, en lugar de intentar imponer tu visión del mundo.

Cuando forzás un cambio en alguien, lo que lográs es alejarlo. En cambio, cuando aceptás al otro y lo amás como es, creás un espacio para que pueda crecer a su manera y a su tiempo.

Aceptar a los demás como son es una muestra de crecimiento real. Es una señal de que sabés que vos también tenés un camino para mejorar, que sabés que no sos superior a nadie y que también necesitás que te acepten incluso así, imperfecto.

A veces creemos que si la otra persona actuara "como debería", todo sería más fácil, pero eso es una trampa del ego. Cada uno carga con sus heridas y sus límites. Sin embargo, cuando dejás de ver al otro como una pieza que tenés que ajustar para que encaje en tu idea de "lo correcto", empezás a ver a la persona real, en lugar de la versión distorsionada que te armaste en tu cabeza.

Aceptar al otro no es lo mismo que justificar cualquier cosa o permitir que te pasen por arriba. Tampoco significa estar de acuerdo con todo. Se trata de reconocer que el otro tiene derecho a ser quien es, a pensar distinto a vos, a equivocarse y a aprender a su ritmo. Esa constatación descomprime las relaciones, te quita el peso de intentar controlar lo que no te corresponde y te permite concentrarte en vos y en tus propios cambios.

Aceptar a los demás abre la puerta a vínculos auténticos.

Cuando una persona siente que no necesita disfrazarse ni esconder partes de sí para agradarte, se anima a mostrarse tal como es. Ese gesto genera confianza y cercanía, porque el otro deja de sentir que tiene que cumplir con tus expectativas para ser querido.

Empezar a mirar a las personas con más compasión inevitablemente abre una mirada más amable hacia tus propios errores e idiosincrasias. Entendés que todo el mundo está intentando mejorar en algo y que nadie tiene todo tan claro como parece. Al reconocer que la diversidad es lo que nos vuelve interesantes y al dejar de esperar que los demás actúen como vos, esas diferencias se transforman en oportunidades de aprendizaje.

La aceptación, a veces, también requiere paciencia o incluso límites para cuidar tu bienestar. Frente a una actitud cerrada al diálogo, tomar distancia puede ser lo más saludable. Poner límites a quien no muestra consideración y con quien no es posible una conversación fértil es, también, un acto de madurez.

No podés cambiar a nadie que no esté comprometido con su propia evolución. Cada una de nosotras cambia cuando está lista, y solo lo podemos hacer por nuestra propia voluntad. Lo único que está en tu poder es elegir qué lugar le das a cada persona en tu vida.

En resumen, aceptar a los demás como son mejora tus relaciones. Hay menos control, menos frustración, menos peleas inútiles, más calma, más comprensión y más espacio para que cada uno sea, a su manera, lo mejor que pueda ser.

Técnicas de inteligencia emocional

La inteligencia emocional es la capacidad de reconocer, entender y manejar nuestras emociones, y también de comprender las de los demás. Aunque es imposible controlar lo que sentís, este tipo de inteligencia te ayuda a decidir cómo actuar en función de eso.

Una persona con inteligencia emocional es la que incluso en medio del enojo o la tristeza puede parar, respirar y elegir con conciencia su respuesta. Esta habilidad impacta todo en la vida: nuestras relaciones, el trabajo, las decisiones que tomamos y la forma en que nos hablamos a nosotros mismos. Es algo que se entrena todos los días.

El primer paso es reconocer lo que sentís. Por ejemplo, muchas veces decimos, "Estoy enojado", cuando en realidad estamos dolidos o tenemos miedo. Ponerles nombre a tus emociones es empezar a tener control sobre ellas. Cuando decís, "Me siento frustrado", o, "Tengo miedo", en lugar de sentirte enojado con el mundo, ya diste el primer paso. Preguntate con honestidad:

¿Qué siento realmente?

¿Qué activó esa emoción?

¿Qué me quiere mostrar?

Cada emoción tiene un mensaje. El enojo te muestra un límite, la tristeza te enseña lo que necesitás soltar, el miedo te pide precaución. Saber identificar tus emociones es el inicio de la madurez emocional.

Buscá de dónde viene la emoción que sentís para poder soltarla.

Lo que sentimos no depende solo de lo que ocurre en nuestro cuerpo, sino también de cómo interpretamos la situación que vivimos.[xix] Cuando algo te impacta, tu cuerpo reacciona primero de manera física: se te acelera el corazón, cambia tu forma de respirar, se tensan algunos músculos o aparece una descarga de adrenalina. Sin embargo, esta reacción corporal es inespecífica: no nos dice por sí sola si estamos felices, enojados o asustados.

Para que una emoción tome forma, hace falta un segundo paso: la interpretación que hacés del contexto. Depende de dónde estás, qué está pasando y cómo entendés la situación, le das un significado a esos cambios en tu cuerpo. Esa etiqueta mental es lo que da pie a la emoción concreta que sentís. Por eso, los mismos síntomas físicos pueden sentirse como entusiasmo si estás por empezar un proyecto que te gusta o como ansiedad si te encontrás en un ambiente que te genera inseguridad.

La mente tiene un papel activo en cómo se construyen tus emociones.

Además de experimentar sensaciones a nivel físico, interpretás y clasificás lo que sentís. Esto hace que dos personas puedan reaccionar de manera muy distinta ante la misma situación, porque cada una evalúa el momento según su historia personal, su forma de ver el mundo y sus expectativas.

A veces interpretamos nuestras emociones de manera confusa. Si el contexto es ambiguo, podés etiquetar una sensación física como miedo, cuando en realidad es otra cosa. También puede pasar que el entorno te sugiera una emoción particular y terminés adoptándola sin darte cuenta, aunque la reacción de tu cuerpo no coincida del todo con esa interpretación. La inteligencia emocional te da algunas herramientas para evitar este tipo de confusiones.

Podemos modificar la forma en que interpretamos la activación física de las emociones.

Si lográs hacer una pausa para observar qué pasa y qué pensamientos tenés, podés cambiar la etiqueta que le ponés a ciertas sensaciones. Eso no borra la emoción de inmediato, pero sí puede suavizarla y ayudarte a responder de una manera más consciente y equilibrada.

En resumen, podés mirar tus emociones con más curiosidad y sin juzgarte. Entender que lo que sentís viene de la interacción entre tu cuerpo y tu mente, abre la puerta a una experiencia emocional mucho más saludable.

Cuando logramos parar y observar con inteligencia nuestras emociones, antes de responder un mensaje o reaccionar ante una crítica, somos capaces de respirar profundo y esperar unos segundos. Esa pausa puede cambiar el resultado de una conversación e incluso hacer que un día que podría haber sido terrible se convierta en un gran día.

Imaginá que caminás hacia una entrevista de trabajo importante. Antes de entrar al edificio, sentís que se te acelera el corazón, transpirás un poco y respirás más rápido. Esa es la activación física, el primer paso: tu cuerpo está reaccionando ante la situación.

Ahora viene el segundo paso: cómo interpretás eso.

> *Interpretación 1: Pensás, "Estoy nerviosa, seguro me va a ir mal". Con esa etiqueta mental, la misma activación física se convierte en ansiedad. Entrás a la entrevista tenso, inseguro y con miedo a equivocarte.*

> *Interpretación 2: Pensás, "Mi cuerpo se está preparando, esto significa que me importa y que estoy listo para concentrarme". Con esa interpretación, la misma activación física se transforma en entusiasmo o energía para rendir bien. Entrás más enfocado y tenés mayor confianza.*

En ambos casos, el cuerpo hizo lo mismo, pero la emoción final fue distinta porque vos le atribuiste un significado diferente.

Esto te enseña que cambiar la mirada que tenés sobre una situación puede cambiar también cómo te sentís. Cuando te autorregulás, elegís expresar lo que sentís desde la conciencia, no desde el impulso, y así contribuís a tu estabilidad emocional.

Ser consciente de tus emociones

Hay emociones muy fuertes que a veces parece que nos pudieran dominar la vida, por ejemplo, el miedo, la culpa o el orgullo. En cuanto al miedo, te propongo que no lo veás como un enemigo, sino como una señal. Todos hemos tenido miedo en algún momento, y la única forma de vencerlo es reconocerlo, nombrarlo y enfrentarlo.

La culpa puede paralizarte o impulsarte, depende de cómo la usés.

Si la convertís en aprendizaje, la culpa te libera. Si te quedás atrapado en ella, te destruye.

El orgullo muchas veces es una barrera que nos aleja de los demás, nos impide pedir perdón o reconocer errores. Cuando logramos reconocer que nosotros también nos equivocamos y enfrentamos nuestra propia debilidad, nuestras relaciones mejoran.

Cuanto más consciente sos de estas emociones, más libre te volvés.

Entender que una emoción no nace solo de lo que pasa en tu cuerpo, sino también de la forma en que interpretás la realidad, abre un espacio de libertad. Dejás de sentirte prisionero de tus reacciones, porque reconocés que siempre existe un margen para elegir cómo mirarlas.

Entonces, empezás a conocerte mejor. Te das cuenta de que muchas veces lo que sentís como miedo o ansiedad no es tanto por lo que está pasando afuera, sino por la historia que te contás a vos misma sobre eso. Cuando lográs ver esa historia, podés cambiarla, ajustarla o darle un sentido más positivo, es como prender una luz en un cuarto que siempre estuvo a oscuras.

Aprender a regular tus emociones también te ayuda a tener una relación más amable con vos mismo. En vez de decirte, "No debería sentir esto", llegás a la conclusión de que, "Mi cuerpo reaccionó así, pero ahora veo qué interpretación le pongo". Ese pequeño cambio te baja la autocrítica y te da más paciencia.

Al mismo tiempo, este conocimiento puede mejorar tus vínculos. Cuando sabés que las emociones dependen en parte de la interpretación, entendés que los demás también sienten de acuerdo con su historia, sus experiencias y sus miedos. Esto te vuelve más comprensiva y menos reactiva. Aprendés a no tomarte todo de manera personal y a dar lugar a diálogos más productivos.

Es muy beneficioso para nuestro bienestar interior y social prestar atención a cómo interpretamos las acciones de otras personas. Si alguien nos responde de manera fría o parece distante, antes de asumir lo peor, evaluemos otras posibilidades: tal vez está teniendo un mal día o esa es su manera de expresarse.

No todo es personal. Para los demás, no somos el centro del universo. Mirarlo así me ha ayudado a vivir con más tranquilidad y, con el tiempo, noté que las personas con las que interactúo también se muestran más abiertas conmigo.

A medida que empezás a confiar en tu capacidad de regularte, dejás de necesitar que todo esté perfecto para sentirte bien. Sabés que, aunque el cuerpo reaccione con intensidad, tenés herramientas para darle sentido a lo que te pasa y avanzar en lugar de frenarte. Esa comprensión te da una profunda sensación de autonomía emocional: vivís con más liviandad y conciencia, con menos reactividad, más compasión hacia vos misma y mayor apertura hacia los demás.

Resiliencia emocional

La resiliencia emocional es central en la etapa de Conexión. Una vez que te conociste en la primera parte y aprendiste a aceptar a los demás en el capítulo anterior, te toca prepararte para enfrentar situaciones difíciles sin que te desequilibren o te desvíen de tus objetivos.

Lo cierto es que todos vivimos momentos vulnerables e incertidumbres que parecen imposibles de superar. La resiliencia que te propongo desarrollar ahora significa aprender a sostenerte y avanzar a pesar de las dificultades que se te presenten.

En esta etapa, tenés que ver los desafíos emocionales, las decepciones y los momentos de frustración como alimento para tu transformación, ya que ellos formarán tu capacidad de resistencia.

La resiliencia se construye paso a paso, con pequeñas acciones que nos permiten sostenernos y aprender de lo que nos toca vivir. También requiere confianza en aceptar que cada dificultad tiene un propósito en tu crecimiento y que el dolor que sentís hoy no te define para siempre. En esta sección vas a aprender a sostener la incertidumbre y a esperar, con paciencia, a que suceda el cambio.

En este período de resiliencia hay momentos de quietud e introspección cuando el cuerpo se prepara para la metamorfosis que vendrá. Tu resiliencia se fortalece cuando te das el tiempo para reflexionar sobre lo que sentís y reconocer tus emociones sin juzgarlas. Cada pausa, cada reflexión, cada mínimo acto de autocuidado es un paso hacia tu capacidad de enfrentar adversidades con más claridad y equilibrio.

La transformación implica aceptar que sos vulnerable, trabajar con tus emociones y aprender de cada experiencia. Ser resiliente no significa llegar a la meta de inmediato, sino nutrirte, adaptarte y confiar en que el proceso te llevará a una versión más fuerte y consciente de vos mismo.

Tu capacidad de superar dificultades y crecer emocionalmente requiere paciencia y confianza. La resiliencia es ese tejido interno que te permite soportar los días difíciles, aprender de ellos y avanzar, sabiendo que cada etapa, por incómoda que parezca, te acerca a tu transformación.

En términos bien simples, ser resiliente significa que cuando algo te tumba al suelo, te levantás, aprendés la lección y seguís tu camino. La resiliencia nace cuando dejás de preguntarte "¿Por qué me pasa esto?" y empezás a preguntarte "¿Para qué me pasa esto?". Todo lo que te sucede tiene un propósito, aunque a veces lo veás mucho tiempo después. Aprender a confiar en ese proceso es una señal de verdadera madurez emocional.

Cómo ser más resiliente

La resiliencia emocional implica sentir y reconocer tus emociones y aprender a manejarlas en vez de que te dominen. Por ejemplo, cuando te enojás con alguien, ser resiliente es entender qué lo provocó, cómo afecta tu cuerpo y tu mente y qué podés hacer para responder de forma constructiva.

La resiliencia se construye día a día. Cada situación incómoda que enfrentás te da la oportunidad de fortalecerla. Por eso, cuando algo te golpea, en vez de preguntarte, "¿Por qué me pasa esto?", podés probar con "¿Qué tengo que aprender para que esto ya no me pase?".

Muchas de las situaciones que vivimos traen un aprendizaje. A veces, la vida insiste: el mismo conflicto, el mismo tipo de vínculo, la misma sensación vuelve a aparecer hasta que algo en nosotros cambia. No porque fallamos, sino porque todavía no vemos con claridad lo que esa experiencia viene a mostrarnos.

La resiliencia se construye justamente ahí. En aceptar que no podés controlar todo lo que te pasa, pero sí la forma en que respondés. Al soltar un poco la necesidad de control y confiar en que podés manejar lo que está a tu alcance, algo empieza a ordenarse. El cuerpo se calma, la mente se aquieta y atravesás las experiencias con más fortaleza y menos resistencia.

Soltar no es rendirse, sino reconocer que hay momentos en los que la vida sabe más que vos y que está bien no tener todas las respuestas. Más adelante vamos a profundizar en este tema y en cómo aprender a soltar el control sin perder dirección.

Ahora, ¿cómo podés mejorar tu resiliencia emocional? Acá van algunas prácticas que me han funcionado a mi:

- ***Reconocé tus emociones.*** *Antes de reaccionar, detenete un momento y tratá de identificar lo que estás sintiendo. ¿Es tristeza, frustración, miedo o enojo? Nombrar la emoción que sentís te ayuda a procesarla y a evitar que te arrastre.*

- ***Respirá y hacé una pausa.*** *Cuando algo te desborde, tomate unos segundos para respirar profundo y calmar tu cuerpo. Tu corazón, tu respiración y tus músculos influyen mucho en cómo sentís cada emoción.*

- ***Buscá la enseñanza que trae cada experiencia.*** *Preguntate qué podés aprender de cada situación. Cada problema que se presenta ante vos es un ladrillo más en la construcción de tu resiliencia.*

- ***Cuidá tu cuerpo.*** *Dormí bien, alimentate de manera equilibrada y movete un poco todos los días para que tu cerebro y tu cuerpo estén preparados para manejar el estrés. La resiliencia no es solo mental; es física también.*

- ***Hablá con alguien de confianza.*** *Contar lo que sentís es signo de inteligencia emocional. Al compartir tu experiencia, podés recibir apoyo y una perspectiva diferente sobre lo que estás sintiendo.*

- ***Aceptá tus límites.*** *Ser resiliente no significa ser invencible. Reconocer que necesitás descansar, pedir ayuda, o simplemente tomarte un tiempo, es parte del proceso. Aprender a decir "No puedo ahora", también fortalece tu capacidad de recuperarte.*

- ***Practicá la gratitud y la perspectiva.*** *Fijate en lo que está bien, en lo que lograste y en lo que tenés. Sin ignorar lo que duele, tratá de ver el cuadro completo y no quedarte atrapado en lo negativo.*

Enfocate en lo que podés controlar: Siempre hay cosas que están fuera de tu órbita. Gastar energía en lo que no podés cambiar solo te desgasta. Mientras tanto, invertir tiempo en lo que sí podés transformar te da sensación de poder y confianza.

Cada vez que enfrentás algo difícil y lo manejás de manera consciente, fortalecés tu músculo emocional. Es un proceso acumulativo que se aprende cuando lo vivís y le das tu atención.

Todos, en algún momento, nos sentimos frágiles. La resiliencia es algo que se aprende, se practica y se fortalece. Con el tiempo, vas a notar que ya no ves los conflictos como algo negativo, sino como situaciones que te enseñan. Entonces, los problemas cada vez te afectan menos y salís fortalecido de ellos, con más claridad y más calma.

Si ellos pueden, vos también

Imaginá por un momento que tenés que huir de tu casa a causa de una guerra. Eso fue lo que les pasó a muchos refugiados ucranianos. Un grupo de investigadores entrevistó a varias mujeres que escaparon y lo que encontraron es que la resiliencia no viene de ser "duro" o de no sentir nada: viene de cómo te sostenés a vos misma y a los que tenés cerca.[xx]

Muchas refugiadas contaban que mantenerse en contacto con familiares y amigos, aunque estuvieran lejos, les daba una especie de escudo invisible, algo que las ayudaba a seguir adelante. Además, las que encontraban apoyo en voluntarios o vecinos encontraban un poco más de paz. Muchas comentaban que su vida interior: la oración, la meditación, o simplemente sentarse a reflexionar sobre lo que pasaba, les daba fuerza para seguir adelante.

Otro ejemplo parecido es el de los jóvenes liberianos que tuvieron que huir a Ghana durante la guerra civil.[xxi] Estos chicos habían visto cosas terribles, habían perdido a seres queridos y tuvieron que dejar todo atrás. Sin embargo, varios contaban que esa experiencia los cambió de forma profunda: comenzaron a valorar más la vida, a sentir más compasión por otros y, de alguna manera, encontraron un nuevo propósito.

Algunos querían ayudar a otros refugiados, otros soñaban con reconstruir su país cuando todo terminara. La resiliencia se manifestaba como el deseo de transformar ese sufrimiento en algo que los motivara a seguir y a reconstruirse.

Algo interesante es que cuando estas personas tenían oportunidades de educación, trabajo o integración en la sociedad de acogida, su capacidad de sobreponerse era mucho mayor. Lo que une estos casos es que la resiliencia no aparece por arte de magia: surge de la combinación entre lo que llevás dentro, tu capacidad de reflexionar y los apoyos que tenés afuera: amigos, familia, comunidad, oportunidades.

Incluso en situaciones extremas como la guerra, donde todo parece perdido, las personas encuentran maneras de reconstruirse. Al desarrollar tu resiliencia, vas a aprender a apoyarte en vos y en los demás para poder avanzar hacia tus metas, contra todos los vientos y todas las mareas.

Ya estamos casi llegando al final de la etapa de conexión. Si hacés el trabajo que te propuse hasta ahora, tus perspectivas de crecimiento y tu bienestar mental seguro mejorarán muchísimo.

A lo largo de este capítulo exploraste la inteligencia emocional como una base clave para vincularte mejor con los demás y con vos mismo. Aprendiste que aceptar a las personas tal como son reduce conflictos y abre la puerta a relaciones más auténticas y colaborativas. También incorporaste herramientas concretas para regular tus emociones. Entendiste que lo que sentís no depende solo de lo que pasa afuera, sino de cómo interpretás lo que vivís y que esa interpretación puede transformarse.

Por último, profundizaste en la resiliencia emocional como una capacidad que se construye con constancia y práctica. Ya podés ver los errores y la incertidumbre como parte de tu proceso de transformación y aprendiste que ser resiliente es volver a levantarte cuando caés, aprender y seguir.

Todos estos aprendizajes te han hecho más fuerte. En el próximo capítulo nos ocuparemos de manera profunda del concepto de fuerza, la buscaremos en la filosofía oriental, aprenderemos a tomar decisiones, a perdonar para sentirnos más livianas, a soltar el control para ejercer un liderazgo positivo y a dejar de lado el orgullo. Preparate para ser mucho más fuerte y a la vez, mucho más flexible, algo realmente esencial para poder transformarte.

Ideas clave del capítulo seis

o *Parte del crecimiento es entender que cada persona está experimentando su propio proceso. Aceptar que todos estamos en diferentes etapas trae más comprensión y menos conflicto.*

o *Aceptar al otro como es mejora los vínculos: hay menos control y frustración, y más calma, respeto y espacio para que cada uno crezca a su manera.*

o *La inteligencia emocional se entrena al aprender a pausar, respirar y elegir cómo responder, incluso en medio del enojo o la tristeza.*

o *Cuanto más consciente sos de tus emociones, más libre te volvés. Al aprender a regularlas, fortalecés tu relación con vos misma y construís vínculos más sanos.*

o *La resiliencia se construye con paciencia y confianza, aprendiendo a soltar lo que no podés controlar y enfocándote en lo que sí está en tus manos.*

La fuerza verdadera

En esta sección, encontrarás las fuentes de la fuerza verdadera: soltar el control, aprender a tomar decisiones, aprender a perdonar y dejar de lado el orgullo. Con esto cerraremos la etapa de Conexión y llegarás a un punto en que habrás optimizado tanto tu conocimiento interno como tu relacionamiento interpersonal.

El concepto de fuerza que trabajaremos aquí es un poco distinto de lo común. En efecto, cuando evolucionás, te das cuenta de que lo que se entiende popularmente como fuerza, que incluye la imposición y el ejercicio indiscriminado del poder, no es lo que te va a llevar hacia tu crecimiento.

Hay algo muy en armonía con la filosofía oriental en la idea de fuerza que necesitamos para transformarnos de verdad. Se trata de la fuerza que viene desde la seguridad en uno mismo, desde nuestra capacidad de ser lo que somos, en vez de definirnos a través de nuestro ejercicio de poder sobre otros.

La fuerza deja de sentirse como tensión y empieza a sentirse como calma. Nace de confiar en vos, en tus decisiones y en tu capacidad de sostenerte sabiendo que no controlás cada resultado.

A medida que avanzás, empezás a entender que soltar no es perder, sino liberar energía. Que perdonar no es debilidad, sino una forma profunda de cuidado propio.

Aprender del Tao

El Tao, principio central de la filosofía china, describe el orden profundo de la naturaleza y el modo en que la vida surge y se transforma. Para el Tao, la fuerza es como un río. El río avanza siguiendo las variaciones del terreno. No decide por dónde ir: observa la forma del valle y fluye por donde puede. Cuando encuentra una roca, la rodea, cuando el espacio se abre, se expande, y si el terreno se estrecha, se concentra. Su fuerza está en seguir el curso natural, sin detenerse.

Una persona fuerte en la visión del Tao es la que sabe leer una situación y moverse con ella, la que actúa en el momento justo y se adapta a lo que está ocurriendo. Como el agua, que sin prisa y sin pausa termina dando forma a la piedra, la fuerza real que es capaz de ser flexible y adaptarse, persiste y logra lo que se propone.

"Lo blando vence a lo duro; lo suave vence a lo rígido".[xxii]

—Lao Tzu

La acción surge cuando es necesaria y fluye de manera natural. El río es poderoso porque fluye hacia abajo, entonces, puede recoger todas las aguas. Esta es la fuerza de la receptividad: al estar abierto, el flujo nutre y ordena la vida a su alrededor.

La paz interior es como la profundidad del río: en la superficie hay movimiento, pero en el fondo hay calma. Gracias a esa calma, tu curso se mantiene estable. Si aprendés a ser fuerte de esta manera, cuidando tu calma, permitiéndote fluir y adaptándote paso a paso a los acontecimientos, alimentás el cambio y el crecimiento.

Toma de decisiones

Cuando se trata de tomar decisiones, muchas veces me he preguntado:

¿Por qué me paralizo?

¿Por qué a veces elijo rápido y mal?

¿Por qué otras veces espero demasiado?

Después de mucho reflexionar sobre esto, cada vez que me encuentro ante una decisión difícil, me recuerdo a mí mismo que no estoy obligado a decidir desde el apuro ni desde la ansiedad, que puedo tomarme mi tiempo y hacer preguntas más inteligentes.

Decidir bien es una habilidad que se puede entrenar. Nadie nace con un don especial, es cuestión de practicar y usar herramientas que te ayuden a pensar con más claridad. Ese entrenamiento empieza cuando te detenés a entender cómo decidís. La ciencia muestra que podés decidir mejor si entendés cómo funciona tu mente y aplicás ciertas estrategias:

- ***Reconocer que tu cerebro opera en dos modos.*** *Uno rápido, automático e intuitivo, y otro más lento, analítico y deliberado. Daniel Kahneman, ganador del Premio Nobel, demostró que confiamos demasiado en el modo rápido.[xxiii] Eso no siempre es malo, pero a veces puede llevarte por mal camino. Cada vez que te enfrentés a una decisión importante, detenete un segundo y activá tu modo analítico. Esa micro-pausa ya mejora muchísimo tu claridad mental.*

- ***Reducir la cantidad de opciones.*** *Cuando hay demasiados caminos posibles, tu mente se satura. Si te enfrentás a una decisión con demasiadas alternativas, filtralas y quedate solo con las realmente esenciales: menos opciones es igual a menor confusión.*

- ***Definir criterios.*** *Antes de decidir, preguntate qué condiciones son imprescindibles, cuáles son deseables y cuáles solo agregan valor si aparecen. Tener criterios definidos reduce la ansiedad y aumenta la calidad de tus decisiones.*

- ***Aceptá que tus emociones participan en la decisión.*** *Son una fuente de información rápida. El truco es identificarlas y entender cómo funcionan. Preguntate: "¿Lo que siento ahora me ayuda o me desvía?". Como ya vimos en la sección sobre inteligencia emocional, reconocer la emoción te permite usarla a tu favor.*

- ***Tomá en cuenta tu nivel de energía.*** *Cuantas más decisiones tomás a lo largo del día, peor lo hacés. Si podés, decidí sobre lo más importante durante las primeras horas. Si tu dinámica laboral dificulta esto, tratá de tomar pequeñas pausas entre decisiones complejas.*

- ***Hacé un pre-mortem.*** *Como propone Gary Klein.[xxiv] imaginá que tu decisión fracasó y preguntate por qué. Es un ejercicio práctico para identificar riesgos o factores que no habías considerado. Te da una perspectiva realista sin necesidad de vivir un fracaso real.*

- ***Consultá opiniones diversas.*** *Tu mente tiende a buscar información que confirma lo que ya creés, lo que se llama sesgo de confirmación. Para contrarrestarlo, buscá datos que cuestionen tu postura inicial. Si tu decisión se mantiene firme incluso después de analizar argumentos en contra, esto es una señal de solidez.*

- ***Usá la regla del "10-10-10".*** *Como propone Suzy Welch: preguntate cómo te vas a sentir con esta decisión en diez minutos, en diez meses y en diez años.[xxv] Cambiar la escala temporal te ayuda a ver más allá de la ansiedad del momento.*

- ***Incubá tu decisión.*** *Si no es urgente, dejala reposar. Tu cerebro sigue procesando información, aunque no estés pensando activamente en el problema. Está comprobado que tomar distancia te da perspectiva y claridad.*

- ***Dividí el problema en partes más pequeñas****. Tu cerebro procesa mejor elementos simples que problemas grandes y confusos.*

- ***Tomá en cuenta tu nivel de estrés****. Cuando estás estresado, tus decisiones empeoran. Respirar profundo, caminar unos minutos o tomar agua mejora tu capacidad ejecutiva y tu autocontrol.*

Soltar el control

Una de las mayores pruebas a nivel emocional es aceptar que no podemos controlarlo todo. Todos queremos que las cosas salgan como las imaginamos, pero la vida tiene su propio ritmo. Soltar el control es confiar y entender que no todo depende de vos.

Cuando soltás, abrís espacio para que la vida te sorprenda. A pesar de esto, a veces la cabeza no quiere soltar. El asunto es que la mente humana está diseñada para anticipar peligros, para predecir, para armar mapas. Tu mente no está obsesionada con el control porque seás caprichoso: está obsesionada con el control porque quiere sobrevivir. De hecho, estudios en neurociencia muestran que el cerebro está constantemente tratando de reducir la incertidumbre, porque esta consume energía y activa nuestros sistemas de alerta.[xxvi]

Por ese motivo, el control nos da una sensación momentánea de alivio, como si por un segundo el mundo estuviera ordenado. Pero ese alivio tiene un precio: la rigidez. Como ya nos ha enseñado el Tao, lo blando vence a lo rígido, porque lo que es rígido, tarde o temprano, se quiebra.

Soltar el control es un desafío para la mayoría de las personas, y yo no soy la excepción. Debo reconocer que me ha costado, pero aprender a hacerlo me ha hecho crecer mucho.

Hace unos años, en mi trabajo, teníamos un solo proyecto de desarrollo inmobiliario, en una única ciudad. Hoy, tres años después, tenemos siete proyectos activos en dos ciudades distintas.

Esta expansión me llena de orgullo y lo logramos al soltar un poco el control.

Al principio, yo estaba acostumbrado a saber absolutamente todo lo que pasaba en el proyecto. Estaba al tanto de cada decisión y cada número en el presupuesto. Cada detalle, por más mínimo que fuera, pasaba por mí. Este sistema funcionaba porque solo teníamos un proyecto. Cuando comenzamos a crecer, intenté seguir haciendo lo mismo: quería estar en todo, revisar cada plano, aprobar cada presupuesto.

Esta forma de trabajo no funcionó, ya que no era sostenible ni para mí ni para mi equipo. Estaba agotado y me estaba convirtiendo en un cuello de botella que detenía nuestro avance. Me di cuenta de que, en lugar de ayudar, frenaba a los demás y entendí que no soltaba el control por miedo a que mi equipo se equivocara, a que no cumpliéramos con las fechas de entrega y las metas planteadas. Tuve que aprender a soltar, a confiar y a delegar de verdad. Me vi obligado a aceptar que cuando uno delega, las personas van a cometer errores, así como los cometí yo cuando empecé.

Ese es el precio del crecimiento: si querés expandirte, tenés que dejar de tratar de controlar todo y confiar en los demás. Si querés formar líderes, tenés que dejar espacio para que se equivoquen, aprendan y se fortalezcan. Las situaciones nos van ayudando a desarrollarnos y a crecer. Si yo no hubiera logrado soltar el control, no podría liderar el desarrollo de todos los proyectos que tenemos hoy en día, habríamos tenido que buscar a otra persona o estaríamos estancados con solo uno o dos proyectos.

Esta situación también me demostró que el control absoluto no existe en el mundo real. En psicología se habla de la ilusión de control, que es esa tendencia a creer que influimos en situaciones donde, objetivamente, nuestra influencia es mínima. La ciencia ha demostrado que cuando a la gente le das pequeñas decisiones simbólicas, sienten que dominan cosas que en realidad están fuera de su alcance.[xxvii]

Eso explica por qué a veces insistimos muchísimo, aunque esté clarísimo que lo que estamos haciendo no sirve. En lugar de controlar, lo que estamos haciendo es aferrarnos a la ilusión de controlar para no sentir miedo.

Soltar es simplemente confiar. A veces confundimos soltar con abandonar, pero son dos cosas muy distintas.

Abandonar es decir: "No puedo, no vale la pena, me rindo".

Soltar es decir: "Hice mi parte, no necesito controlar todo para que algo funcione y si no funciona, también está bien".

Soltar es darle aire al proceso. Es permitir que otros aporten, que se dé lo inesperado. Soltar también es un acto de autoestima, porque cuando confiás en vos mismo no necesitás controlar tanto todo lo externo.

Cuando practicás la aceptación de la incertidumbre, tu cuerpo reduce la reacción de "lucha o huida". En otras palabras: cuando soltás, tu cuerpo deja de vivir como si estuvieras siendo perseguido por un león.

Según la psicología, las personas que desarrollan un "locus de control"[xxviii] más flexible, es decir, que distinguen lo que sí depende de ellas y lo que no, muestran menos estrés y mayor capacidad de adaptación.

El locus de control tiene que ver con lo que vos creés que controla tu vida. Si sentís que todo lo que te pasa depende de vos, hablás desde un locus de control interno. Si sentís que lo que ocurre está determinado por la suerte, otras personas o las circunstancias, hablás desde un locus de control externo. Estas variaciones influyen directamente sobre tu interpretación de la realidad.

Cuando tu locus de control es muy externo, tendés a pensar que por más que te esforcés, no podés cambiar mucho las cosas. Cuando algo sale mal, lo atribuís a factores externos y con el tiempo, empezás a resignarte. Llegás a la conclusión de que no vale la pena intentar alcanzar tus metas, te desmotivás y te asalta la desesperanza.

En cambio, cuando tu locus de control es más interno, sentís que tus acciones influyen en lo que te pasa. Esto te hace más propenso a tener sentimientos de autoeficacia, tomar decisiones, ser más independiente y alcanzar el éxito, justamente porque creés que tu conducta importa. Esta postura te impulsa a perseverar, y evita que te paralicen las situaciones difíciles.

Aunque el locus de control interno es más productivo en general, hay que estar preparado para reconocer cuándo las circunstancias externas no son favorables.

La clave está en el equilibrio: asumir lo que está en tus manos sin culparte por lo que está fuera de tu control.

Una cosa que aprendí, tanto de la experiencia como de mis lecturas, es que el cuerpo humano ama la flexibilidad y la mente también. Imaginate que estás en un bote, en medio de un río que fluye a toda velocidad. Podés remar, podés elegir por qué parte del río ir y, tal vez, logrés dirigir un poco el movimiento. Pero si tratás de frenar el agua con las manos, te cansás, te frustrás y te empapás, el río aún fluye con la misma fuerza y en la misma dirección.

Antes, yo pensaba que soltar era dejar de remar. La vida me enseñó que soltar es seguir remando sin pretender cambiar el curso del agua, concentrándote en las acciones que sabés que van a tener impacto sobre tu destino final. Difícilmente cambiés al río, pero te vas a acercar mucho más al lugar adonde querés llegar.

El miedo detrás del control

Detrás del impulso de controlarlo todo siempre hay alguno de estos miedos: el miedo a equivocarte, a que otro se equivoque, a que te juzguen, al rechazo, a que todo se derrumbe y a no ser suficientemente bueno. Cuando esos miedos no se reconocen, el control se vuelve una forma de protección más que una elección consciente.

A veces creemos que controlamos para evitar el caos, pero en realidad controlamos para evitar sentir. El problema es que controlar demasiado termina generando justo lo que queríamos evitar: tensión, aislamiento, angustia. Cuando soltás: Te volvés más creativo, porque ya no estás obsesionado con una sola forma de hacer las cosas. Delegás mejor, porque confiás en los demás. Te conectás más con el presente porque te dejás de obsesionar con todo lo que podría salir mal. Disfrutás más, porque no estás todo el día concentrado en que todo siga "bajo control". Tenés mejores vínculos porque la gente se siente más libre a tu lado.

Como ocurre con toda práctica, soltar se aprende al hacerlo, al equivocarte y al volverlo a intentar. Acá van algunas formas de empezar a soltar:

- **Preguntate: "¿Qué depende realmente de mí?".** *Analizá si las batallas que estás peleando tienen posibilidades de ser ganadas. De lo contrario, elegí otras.*

- **Hacé tu parte y después soltá el resto.** *Cumplí tu rol, poné tu energía donde tiene sentido. Lo otro, dejalo ir.*

- **Permitite no saber.** *No saber te abre puertas a aprender y a adaptarte.*

- **Aceptá el error.** *El perfeccionismo es primo del miedo. Cuando dejás de enfocarte en la perfección, te acercás más a la eficacia real.*

- ***Conectate con el presente.*** *Respirá, caminá, meditá o escribí. Todo lo que te traiga al ahora te ayuda a salir de la ansiedad que genera intentar controlar el futuro.*

Desde que solté el control de mi equipo todo fluye mejor, aunque surgen nuevos retos. Ahora dejo que cada uno aporte desde su lugar, y con el tiempo, puedo confiar y soltar más. ¿Sabés cuál fue el resultado? Mi equipo se volvió mucho más fuerte, los proyectos son más exitosos y el estrés ha bajado a nivel grupal.

A pesar de todo este aprendizaje, tengo que reconocer que a veces siento que vuelve el impulso de control. Pero aprendo a reconocerlo: cuando lo veo venir: respiro y elijo soltar un poco. Me ayuda tener una buena comunicación con mi equipo porque cuando ellos sienten que vuelvo al Jimmy de antes, me lo hacen notar; así puedo soltar nuevamente. Lo que quiero que entendás es que cuando soltás, fluís con la vida en vez de pelear contra ella.

Al soltar, aparece una paz interna que no depende de cómo salga todo, sino de cómo vos elegís vivirlo. Soltar es libertad. Cuando realmente soltás, aparecen caminos que jamás hubieras visto si estabas ocupado tratando de controlarlo todo.

Perdón y perspectiva

Perdonar es más una liberación que una justificación de las acciones que te lastimaron. Perdoná por vos, no por los demás, porque cargar con resentimiento te ata a lo que querés dejar atrás. El perdón no cambia lo que pasó, pero sí cambia lo que ese pasado sigue haciendo dentro de vos.

Perdonar es un regalo de amor propio.

Cuando pensés en las personas que te rodean, enfocate en lo bueno. Todos tenemos luces y sombras, pero vos elegís en qué parte fijar la mirada. Ser orgulloso, juzgar y aferrarte a tener razón solo bloquea tu crecimiento. A veces, la vida no te pide que condenés: te pide que te liberés. Ahí entra la compasión, no como excusa, sino como claridad: entender que la gente muchas veces hiere desde su propia herida.

Perdonar es abrir una ventana en vos misma cuando la habitación se llena de humo. Es darte aire y recuperar tu capacidad de respirar. No perdonás porque el otro lo merezca, sino porque vos te merecés vivir sin esa carga. Lo que te pasó no debería tener el poder de gobernar tu ánimo, tu cuerpo y tu paz.

A veces te parece que si perdonás, renunciás a tu derecho a sentirte herido. Pensás que si dejás ir el enojo también desaparece la prueba de que lo que te hicieron estuvo mal, pero no es así. El perdón no borra lo que pasó, ni te exige que lo aceptés como algo correcto. Te separa de ese pasado para que deje de afectar tu presente. Es un acto de soberanía interna: ya no reaccionás desde la herida, sino elegís desde la conciencia.

Perdonar es como cortar ese hilo invisible que te mantiene atada a quien te lastimó, incluso cuando ya no querés tener nada que ver con esa persona. Porque cada vez que repetís la escena en tu cabeza, volvés a entregarle tu energía. Cada recuerdo se vuelve una carga, el resentimiento se te mete en el cuerpo, y lo arrastrás, aunque no querás.

Practicar el perdón reduce el estrés y la tensión, pero más importante aún: te devuelve ligereza. [xxix] Es un proceso interno en el que elegís conscientemente no dejar que tu herida gobierne cada uno de tus movimientos. El perdón no siempre llega de golpe, a veces perdonás por capas. Primero soltás la rabia. Después soltás el deseo de castigo. Al final, soltás la necesidad de entenderlo todo.

Es importante distinguir el perdón de la reconciliación. Perdonar es un proceso interno, mientras que reconciliarse es interpersonal.

Podés elegir lo primero sin que lo segundo sea necesario. El perdón no es volver; es dejar de quedarte ahí.

También está el perdón que va hacia adentro. Muchas veces el peso no viene solo de lo que te hicieron, sino de lo que te reprochás por haber permitido, por no haber visto, por haber confiado, por no haber tenido herramientas en ese momento. Te hablás con una dureza que jamás usarías con alguien que amás. Es ahí donde el perdón propio se vuelve necesario: no para borrar tu responsabilidad, sino para dejar de castigarte eternamente.

Perdonarte es reconocer que hiciste lo mejor que pudiste con lo que sabías, con lo que sentías, con lo que eras. Que no estás fallando: estás aprendiendo. Que sos humana y que tenés derecho a crecer sin seguir cargando con una culpa que no te construye.

Perdonar requiere honestidad. Tenés que reconocer lo que sentiste y validar tu dolor para poder procesarlo. Cuando evadís el dolor, se queda trabado. Cuando lo mirás de frente, se transforma. En ese camino, la gratitud puede aparecer como un puente.

Hay heridas más profundas que otras. Estas son más difíciles de perdonar. Para estos casos te recomiendo buscar ayuda profesional, no porque seás débil, si no para cuidarte. A veces necesitás un espacio seguro para procesar lo que te pasó.

Ver las luces sin negar las sombras

Convivimos con personas que tienen virtudes y defectos, fortalezas y debilidades. La convivencia humana es un entramado complejo de intenciones, errores, aprendizajes y contradicciones. Cuando solo mirás la parte oscura de alguien, esa mirada se vuelve rígida y termina alejándote, cargándote con desconfianza y tensión innecesaria.

Elegir enfocarte en lo bueno no significa negar lo que está mal. Es elegir un lente que te permita vivir mejor. Aun reconociendo las fallas del otro, dejás espacio para ver su humanidad. Al hacerlo, también te permitís ver la tuya.

Entender que todos estamos aprendiendo te libera de reacciones impulsivas y juicios automáticos. Lo importante es recordar que los errores no te definen. Si no te definen a vos, tampoco definen a los demás. Desde esa conciencia, es un gesto natural de empatía hacia la imperfección que compartimos.

Durante mucho tiempo tendía a pensar lo peor de las personas. Creía que querían hacerme daño o apropiarse de mis ideas. Vivía en alerta. Con el tiempo entendí que esa mirada no me estaba protegiendo, me estaba desgastando. Al cambiar el enfoque, gané apertura mental y dejé de gastar energía en cosas que nunca sucedían.

Cuando el juicio se vuelve constante, la mente entra en modo defensa: analiza, sospecha y se tensa. El más perjudicado sos vos, porque esa vigilancia permanente drena tu energía emocional y levanta barreras invisibles que te aíslan incluso de conexiones valiosas. Ver las luces sin negar las sombras no cambia a los demás. Te cambia a vos. Te devuelve liviandad, apertura y la posibilidad de relacionarte desde un lugar más humano.

Dejar de lado el orgullo

Hay algo en el orgullo que es como un mecanismo de defensa. A veces, parece que mantenerte firme evita que salgas lastimado, pensás que si mostrás vulnerabilidad perdés control. La paradoja es que el orgullo, lejos de salvarte, te inmoviliza. El afán por cuidar una imagen falsa de superioridad te obliga a sostener una armadura pesada que te impide conectar y sin conexión, no hay crecimiento verdadero.

Soltar el orgullo es reconocer que no hace falta tener la razón todo el tiempo. También, hay que admitir que cuando algo te dolió no te hace débil, sino auténtico. Esa autenticidad es la base para relaciones más honestas y sólidas.

Cuando juzgás duramente a los otros, lo que hacés es proyectar un juicio hacia vos mismo.

Te volvés dura con el resto porque en realidad estás siendo dura con vos misma. Perdonar implica dejar de juzgar tanto, dejando espacio a la complejidad humana. Tenés que considerar que detrás de cada conducta que te molesta, tal vez haya una historia dolorosa que desconocés, o alguien que está en proceso de aprender algo importante.

El orgullo nos ciega ya que nos hace interpretar la realidad desde una sola versión, cerrándonos a otras posibilidades. Creemos que nos protege, pero en realidad nos limita. La más afectada siempre sos vos: perdés perspectiva, energía y oportunidades de conexión que podrían ayudarte a crecer.

Pero si hacés bien el trabajo de la etapa de Conexión, ni el orgullo, ni el rencor, ni la necesidad de control podrán detener tu crecimiento o dificultar tu transformación.

Acabás de aprender a potenciar todo lo que sos a nivel interpersonal y social. Has ido un poco más allá. Además de aprender de vos misma, ahora también tenés la capacidad de aprender de cómo te relacionás con el mundo y las personas que te rodean. Te volviste fuerte pero también resiliente y flexible.

Ahora que saliste al mundo y aprendiste a convivir de una manera más madura y productiva, te toca nuevamente la introspección, volver a tu centro, pero esta vez, hacia capas mucho más profundas y reflexiones más sutiles que te acercarán a la etapa final de tu metamorfosis y al crecimiento constante.

Ideas clave del capítulo siete

o *La verdadera fortaleza está en la capacidad de adaptarte a lo que sucede, moverte en el momento justo y perseverar con flexibilidad.*

o *Decidir bien no es un don, es una habilidad que se entrena al tomarte el tiempo de observar cómo pensás y cómo elegís.*

o *Soltar el control es una de las señales más claras del crecimiento: confiar y delegar abre espacio para la colaboración productiva y la innovación.*

o *Perdonar es un acto de amor propio que te permite avanzar sin cargar culpas ni resentimientos.*

o *Es importante enfocarte en lo positivo sin negar lo negativo.*

o *Soltar el orgullo te permite dejar de necesitar tener la razón todo el tiempo desarrollar vínculos más auténticos y honestos.*

Parte tres: Reconfiguración

*"Se necesita un coraje extraordinario para mirar hacia adentro:
estamos diseñados para engañarnos a nosotros mismos".*
Nassim Nicholas Taleb

La reconfiguración empieza cuando algo deja de encajar. A esta altura de tu proceso, has cambiado y has aprendido tanto que empiezan a caer creencias, identidades y certezas que antes te parecían firmes. Ves claramente que estás avanzando y te sentís más fuerte. Pero a nivel interno aparecen preguntas sobre tu propósito más íntimo, tus prioridades y el sentido de lo que hacés.

Al crecer, has ensanchado tus horizontes, y lo que antes te alcanzaba, ya no es suficiente. Esa incomodidad marca el inicio de un cambio profundo. El mundo material ya no te satisface como antes, querés más. Tal vez no sepás qué es "más", pero lo anhelás y empezás a buscarlo. Posiblemente sea un período incómodo, una especie de limbo donde ya no sos quien eras, pero aún no te has convertido en quien serás.

Joseph Campbell, en *El héroe de las mil caras*, plantea que en todo viaje de transformación existe un punto en el que el cambio se vuelve inevitable. No sucede al inicio, sino después de haber atravesado pruebas, tensiones internas y señales que empujan al héroe a mirarse con más honestidad. Es el momento en que ya no alcanza con seguir avanzando hacia afuera.

Campbell llama a este punto la cueva más profunda: un espacio simbólico de retiro, silencio y confrontación interna. El héroe no llega ahí por casualidad. Llega después de descubrir sus límites, atravesar pérdidas y reconocer que la verdadera batalla no es externa, sino interna. En ese lugar, el foco deja de estar en lo que hace y se traslada a quién es.

Esta etapa es lenta e incómoda. Es un tiempo de reconstrucción, donde lo viejo pierde sentido. Es justamente ahí donde se forja la esencia necesaria para lo que viene después.

De manera similar, en esta parte del camino vas a aplicar lo que aprendiste sobre vos y sobre tu relación con el mundo para sentar bases más sólidas. La reconfiguración es ese espacio íntimo donde se revisa lo esencial, se deja caer lo que ya no sirve y se prepara, con paciencia, una transformación verdadera.

Esta etapa no se puede saltar. La transformación necesita silencio, profundidad y valentía para sostener lo que pulsa adentro tuyo. Cuando finalmente salís, no volvés igual: volvés más liviano. Entendés la dimensión de tu propósito y aprendés a utilizar el poder que llevás en tu interior.

Esto quiere decir que, en la etapa de la reconfiguración vas a llegar al fondo de tu transformación y vas a cuestionar profundamente tus formas de relacionarte con el mundo exterior. Serás capaz de descubrir cualquier impulso de autosabotaje, cualquier miedo o inseguridad que te impida avanzar. Vas a entender cómo tu vida y tus experiencias moldean tu mundo, sin dejar que los traumas del pasado controlen tu destino.

Al completar tu transformación, vas a reestructurar todas tus relaciones y dinámicas de intercambio con otras personas y vas a llegar a tu verdadero yo, a la mejor persona que podés ser.

Hay un rito por el que pasan los aborígenes en Australia que sirve para ilustrar la etapa de meterse en la cueva para emerger como un ser más completo.[xxx] Cuando un niño comienza a mostrar signos de rebeldía, un día aparecen los hombres de la tribu. Están desnudos, salvo por franjas blancas pintadas sobre sus cuerpos, fijadas con su propia sangre. Llevan consigo unos instrumentos musicales que emiten los "sonidos de los espíritus", y llegan como si fueran ellos mismos manifestaciones de lo sobrenatural.

El niño intenta refugiarse en su madre y ella finge protegerlo, pero no sirve de nada: los hombres los separan y se lo llevan. A partir de ese momento, la madre deja de ser el cobijo necesario; ya no hay vuelta atrás. El niño ha entrado en otra realidad donde las reglas de la infancia ya no aplican.

Después, los jóvenes pasan por un rito de iniciación: así como en su infancia habían bebido la leche de la madre, ahora beben sangre de los hombres. De esa manera se transforman en adultos. Mientras tanto, se les muestran representaciones de episodios de los grandes mitos de la tribu. Es en este momento, mientras atraviesan el dolor y el miedo, reciben las enseñanzas de la mitología, que serán el marco de toda su vida como adultos dentro de la comunidad.

Así como estos niños aborígenes, en esta etapa deberás estar preparada para enfrentar tus miedos más primigenios. Pero como has hecho un gran trabajo previo, saldrás victoriosa de la batalla. Vas a aprender a usar la fuerza que has venido desarrollando para prepararte para la etapa final de tu transformación.

En tu "cueva", profundizarás sobre lo que ya has aprendido de vos misma. Vas a preguntarte cómo podés ser la gran líder en que aspirás convertirte, cómo desarrollar la disciplina que necesitás y cómo mostrarte vulnerable sin que esto te debilite. Vas a pasar por rituales que te llevarán a potenciar tu energía y a comunicarte mejor con los demás.

Este conocimiento profundo solo puede nacer después de retirarse hacia un rincón que posibilite la introspección. Solo podés lograrlo si ya te has conocido un poco, has aprendido de tus errores, te has vuelto más resiliente y constante.

El silencio creador

Esta etapa consta de varios pasos, varios umbrales que vas a tener que atravesar para poder salir nuevamente a la luz. El primero tiene que ver con el silencio que te va a permitir escuchar mejor, comunicarte mejor y ser más asertivo. Si hacés el silencio necesario, vas a lograr conectarte con lo más profundo de vos mismo y de los demás, generando confianza, autoestima y resultados positivos a todo nivel.

Honrar el silencio

Una de las conversaciones más difíciles de mi vida fue, curiosamente, una que nunca tuve. Tenía un compañero de trabajo con quien algo no fluía. Me molestaban ciertas actitudes suyas, pero en lugar de hablarlo con él, decidí callar. Pensé que el tiempo pondría todo en su lugar, pero el silencio se llenó de interpretaciones. Empecé a crear historias en mi cabeza que probablemente no eran reales, hasta que un día, en una reunión, explotó todo. Un pequeño malentendido terminó en una pelea fuerte.

No fue una conversación la que dañó esa relación; fue la falta de ella. Lo que no se dice, se acumula, y lo que se acumula, tarde o temprano se desborda. Desde ese momento, me prometí que, si necesitaba decir algo, no me iba a quedar callado. Aprendí que comunicar con claridad no solo evita problemas: construye confianza, paz y vínculos reales.

Tiempo después, respondí de manera más madura a una situación similar. Hace poco, en uno de los perfiles de uno de nuestros proyectos en Tik Tok, apareció un comentario negativo e irrespetuoso, de esos que no solo critican, sino que duelen. Esto me afectó por dos razones: primero, porque era un ataque directo a algo que yo había creado con mucho esfuerzo y segundo, porque el comentario venía de la cuenta de alguien bien cercano.

Mi primera reacción fue un torbellino de emociones: incredulidad, tristeza, enojo. Pensé: ¿cómo puede ser que alguien tan próximo a mí me haga esto? Me sentí traicionado, pero respiré. Al hacerlo, me acordé de todo lo que vengo trabajando: entender mis emociones y no dejar que la primera interpretación me lleve por mal camino.

Entonces, decidí hablar con esa persona directamente. Le dije que había visto su comentario y que pensaba que quizá alguien estaba usando su cuenta sin su consentimiento. Y, ¿sabés qué? Así era, alguien había creado una cuenta falsa con su nombre. Me agradeció muchísimo por avisarle.

Esa conversación me dejó una gran lección: si hubiera callado, habría cargado con ese enojo innecesariamente y habría dejado que una falsedad afectara mi vínculo con uno de mis seres queridos.

Honrar el silencio significa saber cuándo hablar y cuándo callar. También significa refugiarse en él hasta encontrar las palabras que necesitan ser dichas. Cuando hablo de honrar el silencio, estoy hablando de aprender a comunicarnos mejor.

Potenciá tu comunicación

La buena comunicación evita muchos dolores que vienen de las suposiciones. Lo que no se dice, se enquista y se transforma en resentimiento silencioso. Hablar con claridad puede cambiarlo todo. A veces una pregunta sincera es todo lo que hace falta para sanar una herida.

Comunicar es conectar y escuchar con empatía y, sobre todo, hablar con verdad. A veces creemos que somos buenos comunicadores porque sabemos explicar bien nuestras ideas, pero comunicar de verdad no depende solo de lo que decís, sino de lo que el otro entiende.

La comunicación autentica surge cuando hablamos desde la conciencia y no desde la reacción. Las palabras no tienen que herir, tienen que sumar. Hay que decir lo que importa, aunque dé miedo. Cuando comunicás desde la verdad, construís puentes capaces de sostener tus relaciones laborales, tu pareja, tu familia y tu paz interior. Así, aprendés a saber cuándo hablar y cuándo escuchar.

Comunicar es una responsabilidad. Lo que no decís también tiene efectos, que a veces son más fuertes que las palabras que intentás evitar. El silencio rara vez es neutral y muchas veces habla más fuerte que las palabras.

Cuando empezás a verlo así, comunicar deja de ser una obligación social y se convierte en una herramienta para vivir mejor. Te das cuenta de que hablar con claridad te ahorra malentendidos y desgaste mental. Te permite moverte con menos peso y te libera de las historias que tu mente construye cuando no tiene información suficiente.

Una cosa interesante que he aprendido al leer sobre este tema es que cuando algo queda sin hablar, tu cerebro intenta completar el vacío. Ese mecanismo de "relleno interpretativo" se activa de manera automática, guiado por tus emociones.[xxxi] Eso significa que, si estás insegura, llenás los huecos con dudas. Si estás cansada, los llenás con irritación; si estás ansiosa, con amenazas. Pensar lo peor se vuelve un impulso inconsciente, ya que, sin comunicación, tu mente no tiene otra opción.

Cuando aprendés a comunicar, empezás a desactivar ese mecanismo, elegís los hechos por encima de las suposiciones y el contacto real por encima del diálogo interno. Esta elección cambia tu forma de relacionarte con vos misma y con los demás.

Comunicar va más allá de decir lo que pensás, también es aprender a analizar cómo lo decís. La forma en que expresás tus emociones influye directamente en la capacidad de la otra persona para recibirlas. Si hablás desde la amenaza, el cerebro del otro se defiende. Si hablás desde la conexión, el cerebro del otro se abre.

La comunicación empieza antes de que abrás la boca para hablar, empieza en tu estado interno. Por eso, antes de hablar, necesitás preguntarte desde dónde vas a hablar:

¿Desde la herida?

¿Desde el enojo?

¿Desde el miedo?

¿Desde la intención real de conectar?

Cuando elegís buscar una conexión, cambia el tono y cambia el efecto. Se trata de regular tu emoción para evitar que se convierta en un arma. Aprender a comunicar implica también aprender a escucharte, entender qué sentís y qué querés transmitir. Es imposible comunicar claridad si internamente estás en caos o pedir comprensión si no sabés exactamente qué te pasa. La comunicación honesta nace de la autoobservación, es una extensión de tu mundo interno.

Aprender a escuchar

Cuando llega el momento de hablar con otro, aparece un segundo desafío: escuchar de verdad. Esto quiere decir escuchar sin buscar defenderte, ni ganar. La estabilidad de cualquier vínculo depende en gran medida de la capacidad de escuchar sin reaccionar automáticamente, enfocándote en ver al otro para permitir que la conversación sea un puente.

El silencio de la cueva es el mejor lugar para aprender a escuchar, a los otros y también a vos mismo. El agobio del ruido constante no te permite escuchar lo que realmente importa. Es por eso que necesitás pasar por esta etapa de introspección. Escuchar es una de las habilidades más poderosas y subestimadas que existen. Vivimos en una época donde todos quieren hablar, quebrar el silencio con palabras huecas, pero pocos realmente saben escuchar.

Escuchar es mucho más que quedarse callado mientras el otro habla; es prestar atención con todo el cuerpo, la mente y el corazón. Cuando escuchás, mirás más allá de lo que está diciendo la otra persona, sentís lo que está tratando de decir, incluso cuando le cuesta expresarlo. Al escuchar de verdad, dejás de preparar tu respuesta mientras el otro habla y empezás a enfocarte en entender su perspectiva. Cuando el otro siente que lo estás escuchando con empatía, baja sus defensas y se abre.

En cualquier tipo de comunicación, escuchar es más importante que hablar, porque transforma lo que podría ser una discusión en una oportunidad para entenderse y crecer. Escuchar de verdad implica aceptar que el otro también tiene su historia, su percepción y sus temores. Cuando lo hacés, admitís que no sos el único que sufre, ni el único que quiere sentirse comprendido. Con una buena escucha, la comunicación deja de ser un choque de monólogos y se convierte en un espacio donde dos personas intentan encontrarse.

Como aprendí en mi propia experiencia, las conversaciones difíciles no siempre son agradables, pero son necesarias. En general, cuanto menos esperás para tenerlas, mejor fluyen. La dificultad de cualquier conversación crece con la espera, con el silencio cargado de ansiedades y reproches. Crece con los pensamientos que se acumulan sin poder ser contrastados. Hablar a tiempo reduce el conflicto, lo vuelve más manejable y puede hacer la diferencia entre mantener una amistad o perderla.

Si elegís tener esa conversación difícil, le das al otro la posibilidad de decirte qué quiso hacer, qué quiso decir o qué sintió realmente. Muchas veces descubrís que nada era como lo estabas imaginando, que el otro no estaba en tu contra y ni siquiera tenía conciencia de lo que te estaba afectando. Comunicar significa poner sobre la mesa tu verdad, pero sin imponerla, mostrando tu perspectiva sin esperar que el otro la adopte. De este modo, abrís un espacio en el cual ambas experiencias puedan existir.

La comunicación consciente te obliga a cambiar tu lenguaje. Descubrís que hablar desde el, "vos me hacés sentir", pone al otro a la defensiva. Pero hablar desde el, "yo siento", lo invita a entrar en tu experiencia sin sentirse atacado. Cambiar cómo enunciás tus emociones cambia lo que esas emociones generan en el otro, creando un espacio más seguro para ambos.

A medida que practicás esto, te volvés más valiente, empezás a dejar atrás la idea de que hablar es peligroso y te das cuenta de que lo realmente peligroso es callarte. Lo riesgoso es permitir que tus vínculos se deterioren por omisión, y dejar que lo no dicho lleve a malinterpretaciones catastróficas. La comunicación clara te acerca a vos mismo, te obliga a revisar tus expectativas y tus límites. Al mismo tiempo, te recuerda que tus sentimientos importan y que tu voz merece ser escuchada. Eso mejora tus vínculos y tu vida interior.

La comunicación es una forma de cuidarte y de cuidar a quienes te rodean, un puente que te acerca más a la siguiente etapa de tu transformación.

Escuchar lo que no se dice

A veces un gesto dice más que mil palabras. Aprender a observar es otra forma de escuchar. La preocupación o el dolor no suelen expresarse directamente, se esconden detrás de una sonrisa o de un, "todo bien". La empatía te permite notar esos detalles, para que podás estar disponible. A veces, las personas solo necesitan que las escuchés sin juzgarlas, que les hagás sentir que pueden hablar si lo necesitan.

Es importante saber leer el ambiente, percibir si algo cambió en la energía del grupo o si alguien no está bien. Está comprobado científicamente que hay micro-expresiones que duran apenas una fracción de segundo y muestran las emociones que alguien intenta ocultar: tristeza, enojo, miedo, vergüenza.[xxxii] Si estás realmente presente, podés percibirlas. La atención plena facilita esta observación: cuando no estás enfrascado en tus propios pensamientos, podés registrar con claridad lo que sucede frente a vos.

Nuestra postura física también comunica información. Cuando alguien se encoge, baja la mirada o juega con sus manos, suele ser señal de incomodidad o nerviosismo. Si mantiene los hombros tensos y el torso rígido, puede estar a la defensiva. Cuando se relaja, respira más profundo y abre el pecho, probablemente se sienta seguro en tu presencia.

Hay que estar atento y presente cuando el cuerpo dice lo que la palabra todavía no puede transmitir. El tono de voz es otro indicador: hay que considerar lo que se dice y también cómo se dice. Una frase neutral puede sonar cargada de cansancio, o un "estoy bien" puede carecer de convicción. Si escuchás con atención plena, empezás a notar estas señales.

Cuando aprendés a escuchar, la empatía se transforma en acción. Si percibís que algo no encaja, que la expresión facial y el lenguaje corporal transmiten otra cosa o que el silencio tiene un peso particular, podés intervenir de manera consciente. En esos momentos, tu presencia puede marcar la diferencia. Solo tenés que mostrar disponibilidad. Podés decir algo como: "Te noto diferente, ¿querés hablar?"

Si hablás con una voz serena y una postura abierta, la otra persona lo percibe. La sinceridad se percibe en el cuerpo y la falsedad también. De igual modo, la comunicación no verbal influye en cómo te perciben a vos. Si escuchás con los brazos cruzados, mirando el teléfono o mostrando impaciencia, la otra persona siente que estás cerrado. En cambio, si inclinás levemente el cuerpo hacia adelante, mantenés contacto visual y dejás espacio para que el otro respire, generás un entorno seguro.

En suma, cuando prestás atención a lo que no se dice, te volvés mejor compañero y amigo. Comprendés que el lenguaje humano también reside en todo lo que se manifiesta por debajo de las palabras, que muchas veces, es lo más importante.

Asertividad

El año pasado alguien de mi equipo me dijo que necesitaba hablar conmigo. Se trata de una persona valiosa, muy comprometida, que venía haciendo un trabajo impecable. Durante semanas había estado cargando con nuevas responsabilidades y nunca se quejaba. Simplemente lo hacía, y lo hacía bien. Ese día, cuando se sentó frente a mí, noté que venía un poco nerviosa. Me miró y me dijo: "Quiero contarte algo que me ha costado mucho decir. Siento que estoy lista para liderar uno de los proyectos. He venido asumiendo muchas tareas, aprendiendo y dando lo mejor de mí, y me gustaría que considerés darme esa responsabilidad".

Lo dijo con firmeza, sin exigencias, sin rodeos, pero con total claridad. En ese momento, comprendí que esa conversación era fruto del entorno que construimos. Se trata de un entorno donde nos sentimos seguros para hablar con honestidad, donde expresar lo que queremos es percibido como un acto de madurez.

Le dije que sí porque se lo merecía y porque estaba lista. El resultado fue que ella lideró el nuevo proyecto con excelencia y superó mis expectativas. Esa experiencia me confirmó que cuando creás un espacio donde la gente puede hablar sin miedo, pasan cosas maravillosas.

La asertividad va más allá de decir lo que uno quiere. Es importante decidir cuándo, cómo y desde dónde lo vas a decir. No siempre vas a tener un sí inmediato, pero cada vez que te animás a hablar con claridad ganás en autenticidad y autoestima.

Volverte asertivo requiere mucho autoanálisis. La etapa de la reconfiguración es ideal para lograrlo. Mientras deshacés tu yo anterior, reforzás tu asertividad para poder tener mucho más control de tu destino. Ser asertivo es encontrar el equilibrio entre expresar lo que pensás y hacerlo con respeto. Desde el silencio de tu cueva, vas a ser capaz de construir ese delicado equilibrio.

Muchas veces callamos por miedo a incomodar o a generar conflictos y otras veces hablamos desde el enojo o la frustración. Ambos extremos nos alejan de la conexión.

Cuando sabés quién sos y qué querés, te comunicás sin culpa.

Ser asertivo nace del autoconocimiento, algo que ya has desarrollado en la primera etapa de tu transformación. Ahora, solo tenés que potenciarlo. La historia de la persona de mi equipo que mencioné me ayudó mucho a revisar mi propio nivel de asertividad. Me di cuenta de que, muchas veces, cuando no estaba de acuerdo con algo, prefería callar. Era común que aceptara propuestas ajenas, aunque internamente no me convencieran del todo.

A veces actuamos así para evitar conflictos o simplemente por cansancio. Aunque estemos en desacuerdo o sepamos que algo implicará un esfuerzo innecesario, elegimos callar y esperar a que otro diga lo que ya habíamos pensado. Esa pasividad, aunque parezca inofensiva, es una forma sutil de desconectarnos de nosotros mismos.

Hablar con claridad, en cambio, construye confianza, incluso cuando el otro no está de acuerdo. Todos tenemos conversaciones pendientes, esas que evitamos porque tememos lastimar o incomodar. El problema no suele ser la conversación en sí, sino postergarla. Cuanto más la evitás, más peso gana.

Asimismo, cuando tenés conversaciones difíciles y aceptás el punto de vista del otro con humildad, enviás el mensaje de que te comprometés con ser tu mejor versión. Esta actitud inspira a otros a comunicarse con vos desde el mismo lugar, con confianza. Desarrollar esa capacidad de sostener conversaciones complejas es clave. Susan Scott, autora de *Conversaciones difíciles*, dice que "la calidad de tus conversaciones determina la calidad de tus relaciones, y la calidad de tus relaciones determina la calidad de tu liderazgo".[xxxiii] Esta idea te invita a practicar un diálogo reflexivo: hablar cuando es necesario, callar cuando hace falta, preguntar cuando no sabés y escuchar, aunque la respuesta te incomode. Es en esas conversaciones profundas donde se aclaran expectativas, se resuelven tensiones y se fortalece la confianza.

Dar y recibir retroalimentación

Dar y recibir retroalimentación es un arte. La asertividad es una gran herramienta para llevar esta práctica a un nivel más profundo y beneficioso para tu crecimiento. Si alguien se toma el tiempo de decirte algo que puede ayudarte a mejorar, está apostando por vos. Entonces, tenés que tomarlo como una oportunidad.

En esta etapa, vas a tener la oportunidad de fortalecerte para que la retroalimentación negativa, en lugar de debilitarte, te haga incluso más fuerte. Siempre intento escuchar con apertura las observaciones de los demás y motivo a mi equipo a que me den retroalimentación. A veces es un proceso difícil, ya que dar una opinión sincera puede generar miedo o incomodidad.

Las personas frecuentemente evitan dar retroalimentación porque temen herir, incomodar o quedar mal paradas. Lo entiendo, a mí también me ha pasado cuando estoy del otro lado. El problema es que cuando me falta esa retroalimentación, el más perjudicado soy yo, porque dejo de ver mis puntos ciegos y repito errores. Es por eso que insisto tanto en abrir ese espacio: para liderar bien hay que estar dispuesto a ser corregido.

Siempre intento evitar responder con un "no" automático o con un "estás equivocado", porque estos comentarios evitan futuras retroalimentaciones y detrás de cada comentario hay algo valioso que aprender. No obstante, debés evaluar la retroalimentación con lo que sos y dónde querés llegar, y solo incorporar las recomendaciones que estén alineadas con tu ser.

Cabe mencionar que es importante dejar que la persona termine de dar su retroalimentación sin interrupciones. Cuando voy a recibirla, me preparo mentalmente y pienso en los pasos que debo seguir: dejar que la otra persona hable, escuchar su punto de vista con atención y después reflexionar sobre lo que me dijo para poder responder. Una actitud de apertura me permite seguir creciendo y relacionarme con los demás desde un lugar más accesible y abierto al diálogo.

Desde esa apertura, agradecé siempre a quien se atreve a decirte la verdad, incluso cuando te cueste escucharla. La gente que te brinda una observación sincera te demuestra que te quiere de verdad y que quiere contribuir a tu crecimiento.

Hemos llegado al final de la etapa del silencio creador. Espero que te sintás bien en tu "cueva", donde vas a permanecer un rato más. Ya aprendiste que el silencio es una herramienta para escucharte mejor y comunicarte con mayor claridad, que callar por miedo genera suposiciones y desgaste, mientras que hablar a tiempo, desde la conciencia y no desde la reacción, fortalece los vínculos.

También interiorizaste la idea de que comunicar bien es decir lo que pensás con empatía, cuidando el tono, la intención y el momento y que escuchar de verdad implica apertura y atención, tanto a lo que se dice como a lo que queda implícito.

Luego, aprendiste sobre un concepto central: la asertividad, que te permite expresarte sin culpa ni agresión. Finalmente, te propuse algunas ideas sobre la retroalimentación como oportunidad de crecimiento. Todo esto te mostró que la comunicación consciente es una forma de cuidarte, de cuidar a los demás y de avanzar con mayor coherencia hacia tus objetivos. Ahora, desde esta misma introspección de la cueva, vamos a profundizar sobre un concepto que me apasiona: el poder sutil.

Ideas clave del capítulo ocho

- *Es importante saber cuándo hablar, cuándo callar y cuándo esperar hasta encontrar las palabras justas.*
- *La comunicación clara evita suposiciones y resentimientos. Lo que se dice a tiempo puede transformar por completo una relación.*
- *Comunicar de forma auténtica es conectar desde la conciencia, hablar con verdad y escuchar con empatía, sin reaccionar desde la herida o el enojo.*
- *Escuchar de verdad implica presencia total. Cuando el otro se siente escuchado, baja sus defensas y se abre al diálogo.*
- *La asertividad nace de la conciencia: decidir cómo y desde dónde hablar fortalece tu autenticidad y tu autoestima.*
- *La retroalimentación es una herramienta poderosa para ver errores que no habías detectado y crecer desde ese nuevo conocimiento.*

El poder sutil

Ahora que te nutriste del silencio para afinar tu conexión con vos mismo y tu comunicación, llega un paso clave en el proceso. La nueva versión de vos que está tomando forma necesita fortaleza, pero no desde la dureza, sino desde lo sutil.

Este capítulo se construye desde ese poder silencioso que aparece cuando dejás de temer a mostrarte vulnerable, cuando aprendés a gestionar tu energía y a reconocer los bloqueos antes de que te frenen. Ahí nace una fuerza distinta: más consciente, más estable y auténtica.

En esta nueva etapa de tu metamorfosis aprenderás entonces sobre la potencia de la vulnerabilidad y la dinámica entre energía y apertura. También aprenderás sobre el carácter integral de tu bienestar y la importancia de tu discurso interior para potenciar tu desarrollo.

Vulnerabilidad

La reconfiguración también es el momento de aprender a mostrarte vulnerable cuando la situación lo amerita. Ahora vas a practicar tus primeros pasos y aprenderás a liberarte de la carga de tener que mostrarte siempre fuerte. Mostrarte vulnerable te hace humano. Aunque a veces pensamos que, si compartimos nuestros miedos o metas, las personas pueden juzgarnos, la realidad es que cuando te mostrás auténtico, conectás de verdad con los demás. Ser vulnerable une más que la perfección.

Yo creía que era mejor ocultar mis planes para que nadie los estropeara. Con el tiempo, descubrí que cuando hablás con sinceridad, siempre aparece gente que quiere ayudarte. La vulnerabilidad bien manejada crea lazos porque la gente se identifica con la verdad, más que con la fachada.

Ser vulnerable, es decir: "esto me cuesta" sin vergüenza porque reconocerlo te hace real. Es por eso que al manejarla con honestidad genera conexión. La investigadora Brené Brown,[xxxiv] que estudió durante años la vulnerabilidad, la vergüenza y la empatía en las relaciones humanas, sostiene que ser auténtico con lo que sos es lo que genera confianza genuina.

Para mostrar tu vulnerabilidad de manera segura, es importante elegir con quién la compartís, cuándo y cómo. El concepto de "vulnerabilidad estratégica" me ha sido bastante útil. Esto quiere decir compartir lo que deseás, pero con respeto por tu espacio y por el contexto. Cuando lo hacés con cuidado, expresar lo que sentís te ayuda a crecer. Nombrar tus miedos, inseguridades o errores reduce el estrés y la ansiedad. Reconocer tus vulnerabilidades se asocia a mayor bienestar, resiliencia y salud emocional.

Cuando dejás atrás el miedo a mostrarte vulnerable, dejás de estar pendiente de tener todo controlado. Eso te permite más creatividad, más apertura y más disposición para cambiar. Las personas que adoptan esta actitud suelen animarse a incursionar en nuevos proyectos, formar relaciones más profundas y tomar decisiones más auténticas.

Asimismo, mostrarte vulnerable mejora dinámicas tanto en tu vida personal como en la laboral. Los líderes que admiten sus errores y sus dudas, en lugar de fingir seguridad constante, generan confianza y sentido de comunidad.

Bienestar integral

Hubo una etapa en mi vida en la que estaba sobregirado con tanto trabajo, compromisos y proyectos personales que sentía que no podía más. Me levantaba temprano, dormía poco, comía rápido y mi mente nunca paraba. Aunque cumplía con todo, disfrutaba muy poco de mis logros.

Una mañana, camino a una reunión, sentí una presión en el pecho. No era dolor físico, era agotamiento emocional. Llegué a la reunión, pero no estaba presente. Estaba ahí en cuerpo, pero mi mente estaba en otra parte. Esa fue mi señal de alerta: me di cuenta de que no podía seguir funcionando así. Estaba desgastando la máquina que me sostenía: mi cuerpo, mi mente y mi espíritu. Ese día entendí que es imposible construir algo sólido sobre un cuerpo y una mente agotados.

Tu bienestar es la base de todo. Sin energía, falla la concentración. Sin descanso, te falta claridad. Sin paz, es difícil enfocarte en tus objetivos. En mi caso, durante mucho tiempo pensé que bienestar era sinónimo de hacer ejercicio o comer bien. Con los años, descubrí que es un equilibrio. Necesitás sentirte bien con vos, tener energía para lo que amás y paz para enfrentar lo que no podés controlar. Además de tener hábitos saludables, hace falta tener una relación sana con vos misma. Por eso, necesitás implementar una visión holística del bienestar que se vea como un todo.

Cuerpo, mente y emociones están en constante interacción.

El bienestar es integral porque no vivimos por partes. Cuando una se debilita, las demás tarde o temprano lo sienten. En el segundo capítulo de la primera parte del libro, El cuerpo, aprendimos a cuidar distintos aspectos de nuestro bienestar físico y mental. En esta etapa, aprenderemos que todo está conectado. Por eso, cuidar tu cuerpo también es cuidar tus pensamientos y tu energía interior.

El cuerpo es el vehículo, la mente es el conductor y el espíritu es el mapa. Si alguno de ellos falla, avanzar se vuelve difícil. Cuidar tu cuerpo implica reconocer que solo tenés uno y que es el instrumento a través del cual experimentás la vida. Cuidar tu mente es aprender a filtrar lo que consumís: los pensamientos, las conversaciones, las redes y los entornos. Todo lo que entra por tus sentidos deja una huella en tu energía.

Al cuidar tu espíritu, te reconectás con lo que te da sentido. Podés lograrlo a través de actividades como rezar, meditar, caminar en la naturaleza o simplemente estar en silencio, lo importante es volver a vos. El bienestar integral se logra desde la conexión. Cuando entendés que todo está relacionado, dejás de dividir tu vida en áreas separadas y empezás a vivir como un ser integral.

Por ejemplo, el descanso no se trata solo de dormir. ¿Cuántas veces dormiste más de ocho horas y te levantaste cansada? Descansar es permitirte hacer una pausa sin sentir culpa. Vivimos en un mundo que glorifica la productividad, y descansar parece una pérdida de tiempo. Sin embargo, el descanso te acerca al éxito ya que te da la claridad para alcanzarlo.

Dormir bien, desconectarte del celular, tener momentos de silencio, eso también es progreso. El filósofo coreano Byung-Chul Han ha descrito ciertos aspectos de las sociedades actuales como la "sociedad del cansancio".[xxxv] En su visión, la vida moderna te coloca en un ritmo donde siempre parecés correr detrás de algo: más productividad, más logros, más perfeccionamiento personal.

El problema es que ese empuje constante te desconecta de vos mismo. Para Han, ya no vivimos bajo la presión externa del "deber", sino bajo la autoexigencia del "vos podés".

Cuando el mundo te dice que todo depende de vos, el agotamiento se vuelve casi inevitable. Esa fatiga te desgasta a nivel físico, mental y emocional, como si el mundo te pidiera que siempre estés en línea, siempre disponible. Por eso, cuando hablamos de bienestar integral, recuperar espacios de descanso es una decisión vital. Se trata de habilitarte pausas que te devuelvan a tu cuerpo, a tu salud emocional y a tu espíritu.

En un entorno que celebra la hiperactividad, elegir respirar, moverte con calma, meditar o simplemente no hacer nada por un rato es un acto muy positivo. Considero que el bienestar se construye aprendiendo a escuchar tu ritmo, que es mucho más importante que ir más rápido.

El bienestar integral parte de una idea simple: lo que hacés con tu cuerpo impacta en todo lo demás. La nutrición es combustible para tu cuerpo. En lugar de hacer dietas extremas, conviene elegir alimentos que te den energía real. Comer bien no se trata solo de privarte de ciertas cosas, sino de cuidar lo que entra a tu cuerpo, sabiendo que de eso depende cómo pensás, cómo sentís y cómo actuás. El ejercicio es salud. Podés ir al gimnasio, salir a caminar o elegir el deporte que más te guste; lo importante es que movás el cuerpo todos los días. Un cuerpo estático acumula emociones no expresadas, mientras que un cuerpo activo las libera.

Cada persona tiene su propio ritmo. Algunos rinden mejor en la mañana, otros en la noche. Algunos necesitan más pausas, otras más movimiento. No existe una fórmula única. El secreto está en escucharte y aprender a reconocer tu flujo natural de energía.

Identificá qué actividades te cargan de energía y cuáles te drenan. De la misma forma, podés identificar qué personas te elevan y quienes te quitan vitalidad, qué lugares te inspiran y cuáles te agobian.

Elegí conscientemente a qué le das tu atención, porque ahí se va tu energía. Es importante tener fuerza de voluntad, pero, además, necesitás tener energía. El tema es que la energía es imposible de forzar, hay que cultivarla con descanso, propósito y hábitos alineados con tu esencia.

Escuchá a tu voz interna

El tiempo de la reconfiguración también es ideal para escuchar tu voz más profunda, para asegurarte de que estás en equilibrio. Sin duda, la salud mental es tan importante como la física, pero todavía parece que nos cuesta hablar de ella.

El estrés en pequeñas dosis te activa, te empuja a actuar, pero cuando se vuelve constante, te consume desde adentro. Aprender a interpretar estas señales es una de las habilidades más valiosas que podés desarrollar. Tu cuerpo siempre te está hablando. Lo hace a través del cansancio, la irritabilidad, el insomnio o la falta de motivación.

El cuerpo dice lo que la mente calla. Ya te conté que lo viví en carne propia durante mi maestría, la vez que me enfermé porque no estaba escuchando a mi cuerpo. Esa experiencia me enseñó que el estrés no desaparece ignorándolo. Se diluye solo cuando lo enfrentás con conciencia: organizándote mejor, pidiendo ayuda, soltando lo que no podés controlar y cuidando tus tiempos. Hacer terapia, meditar o simplemente hablar con alguien de confianza está lejos de ser un signo de debilidad, en realidad es signo de valentía.

Cuidar tu mente también implica cuidar lo que pensás. Los pensamientos repetidos se vuelven creencias, y las creencias definen tu realidad. Con una mente en calma, aprendés a no dejarte arrastrar por los problemas.

Energía y apertura

Una de las lecciones más grandes que he aprendido es que una sola persona puede cambiar completamente la energía de un lugar. Lo vi muchas veces, pero hay una escena que nunca olvido. Estábamos en medio de un proyecto que no avanzaba. Todos estábamos cansados, frustrados y sin ganas. Una mañana, el miembro más joven del equipo llegó sonriendo, con buena actitud y con café para todos. No dijo nada grandilocuente, pero su energía cambió el ambiente. Ese gesto sencillo revirtió el tono del día.

Una actitud positiva puede transformar cualquier situación.

Desde entonces decidí que, si podía elegir, iba a ser esa persona con actitud positiva. Aprendí que nuestra actitud depende mucho más de una elección que de las circunstancias. Andar de buen humor, cuidar tu energía y mantener una mentalidad positiva es una cosa muy distinta a negar los problemas, es tener la madurez de enfrentarlos con fe en que pronto se resolverán.

Tu energía es tu presencia, lo que transmitís cuando entrás a una sala vale más que cualquier discurso. Una buena líder cuida su energía, sabe cuándo empujar y cuándo descansar. Todo en nuestro mundo es flujo de energía. Usamos nuestra energía mental para hablar con nosotros mismos y para interactuar con el mundo exterior. Cuando carecemos de energía, somos incapaces de hacer las tareas más pequeñas.

"Mantener una conciencia objetiva del problema interno siempre es mejor que perderte en la situación externa". [xxxvi]

—Michael A. Singer

La depresión o el desgano son ejemplos claros en que nuestra forma de procesar algún suceso nos quita toda la energía, con un sinfín de consecuencias negativas para nuestra vida. Para entender cómo usar la energía a nuestro favor, me ha servido mucho *La liberación del alma* de Michael A. Singer, uno de mis libros favoritos.

Singer plantea una división entre nuestra voz interior, esa que comenta, opina o anticipa, y nuestra esencia. Esa voz mental no te define. Vos sos la conciencia que observa esa voz, el "observador interno" como le llama Singer. Esa capacidad de separar lo que pensás de lo que sos te permite observar tus pensamientos sin tomarlos como verdades absolutas.

Cuando aprendés a mantenerte como observadora, sentís que las turbulencias mentales pierden el poder de arrastrarte y esto te libera. La energía vital que habita en cada una de nosotras puede manifestarse como entusiasmo, creatividad y paz. Sin embargo, muchas veces la bloqueamos por miedo, resentimiento o antiguas heridas. Singer sugiere que si aprendés a no cerrarte, a permitir que las emociones pasen, dejás que esa energía fluya con naturalidad. Esa apertura transforma tu vida interior y la energía con la que actuás en el mundo.

Entender que no sos tu voz interior y desbloquear tu energía genera una gran apertura.

La tendencia natural cuando sufrís es cerrarte como forma de protección, pero esa respuesta te aísla. En cambio, abrirte te conecta con vos mismo y con los demás. Abrir tu corazón significa estar disponible para vivir con libertad, sin que el miedo dirija tus decisiones. Quiero compartir contigo una cita de Singer que me ayudó a entender el un concepto que me ha aportado mucho sobre el tema de la apertura y el manejo de emociones: *samskara*.

> *Cuando la energía no puede atravesar la mente porque entra en conflicto con otros pensamientos o construcciones mentales, intenta liberarse a través del corazón. Eso es lo que genera toda la actividad emocional. Cuando resistís esa liberación, la energía se enquista y queda forzada a almacenarse en lo profundo del corazón. En la tradición yóguica, ese patrón de energía inconcluso se llama samskara. Es una palabra en sánscrito que significa 'impresión'. Un samskara es un bloqueo, una impresión del pasado. Es un patrón de energía no resuelto que termina dirigiendo tu vida.[xxxvii]*

> *—Michael A. Singer*

Los *samskaras* aparecen una y otra vez en forma de dolor, miedo, reactividad si no los procesás. Parte del camino de liberar el alma es permitir que esas cargas afloren y las liberes conscientemente. Al permitir su paso, liberás espacio en tu interior y todo empieza a fluir en armonía.

Esa armonía es una de las claves de todo lo que has aprendido en este capítulo. Al llegar a este punto, ya has comprendido que la fortaleza más profunda nace de la sutileza y no de la dureza y que permitirte ser vulnerable te vuelve más libre. Aprendiste que elegir con conciencia cuándo y con quién abrirte y dejar de sostener una imagen de fuerza constante mejora tus vínculos y tu relación con vos misma.

También integraste un concepto de bienestar holístico, donde cuerpo, mente, emociones y espíritu funcionan como un sistema interconectado. Además, incorporaste la práctica de escuchar tu voz interna para ponerla al servicio de tu equilibrio emocional y aprendiste que sos más que tu diálogo mental. Finalmente, lograste hacer que tu energía fluya, soltando bloqueos del pasado y liberando el combustible que necesitarás para transformarte radicalmente.

Esta es la penúltima parada en la etapa de Expansión. En la última, vas a prepararte para volar, siendo cada vez más auténtica, potenciando tu liderazgo y diseñando la realidad que soñaste.

Ideas clave del capítulo nueve

o *La vulnerabilidad no te debilita, te humaniza: mostrarte auténtico, reconocer lo que te cuesta y soltar la perfección es lo que genera conexión real con los demás.*

o *El bienestar es la base de todo y es integral: cuerpo, mente y espíritu están conectados y esa dinámica impacta en cada decisión que tomás.*

o *La energía y la apertura son esenciales para crecer. Hay que cultivarlas con descanso, propósito y hábitos alineados con tu esencia.*

o *Elegir tu actitud y comprender que sos mucho más que tu voz interior aumenta tu energía y fomenta la claridad y la plenitud.*

Preparate para volar

En este capítulo, vas a optimizar tu realidad. Para que todo lo que evolucionaste hasta ahora pueda afianzarse, necesitás disciplina. Si querés crecer y avanzar en tus proyectos y metas tenés que convertirte en un líder integral, alguien que genere entusiasmo en vez de miedo, que inspire en lugar de generar resistencia.

Finalmente, vas a aprender a diseñar tu realidad en lugar de estar a la merced de acontecimientos externos. Cuando llegués al final de esta parte del libro, vas a contar con todas las herramientas y capacidades para dirigirte hacia donde querás.

Liderazgo integral

Liderar es servir con propósito y a través del ejemplo, más que de palabras. En esta sección, te vas a preparar para ser un líder ejemplar, lo cual también requiere ir hacia lo más profundo de vos mismo.

Antes de poder guiar a otros, tenés que saber guiarte vos mismo para manejar tus emociones, cumplir tus compromisos y mantener tu palabra. Es imposible liderar hacia afuera cuando falta coherencia en tu interior. Un líder auténtico inspira sin imponer, vive lo que predica y cumple lo que promete. Sobre todo, lidera con empatía: entiende a las personas, escucha, observa y las acompaña.

Liderar con empatía requiere fortaleza emocional y coraje para ver al otro sin juzgar, corregir sin herir y acompañar sin intentar controlar.

Recordá siempre:

Sé el cambio que querés ver en el mundo.

En vez de esperar que las cosas cambien, tenés que convertirte en ese cambio. Lo que inspira lealtad, mucho más que lo que decís, es lo que hacés. Un líder inspira más por su coherencia que por su discurso. Cumplir tu palabra es una de las formas más puras de liderazgo. Cuando hacés lo que decís, los demás confían en vos y donde hay confianza, hay compromiso.

Más que reconocimiento, un líder busca resultados reales. Hacé las cosas bien, incluso cuando nadie lo ve. Esta es una clave para mí. Desde que entendí que no importa si me ven o no, me convertí en una mejor persona. Creo más en mí mismo y por eso los demás creen más en mí. Si tengo un gesto de caridad, jamás lo hago para que otros se enteren. Tratar de hacer el bien en silencio me da paz y me hace valorarme a mí mismo.

También he aprendido que cuando hacemos las cosas con amor, contagiamos al resto de las personas. Como líder, parte del verdadero poder del ejemplo está en cómo ayudás a los demás a crecer. Un buen líder no necesita que su equipo dependa de él para sentirse importante. Al contrario, se alegra cuando su equipo es capaz de lograr resultados de manera independiente.

Los líderes conscientes evitamos competir con la gente de nuestro equipo, porque entendemos que el éxito del equipo también nos pertenece. Cuando empoderás a los demás y les tenés confianza para tomar decisiones, estás formando nuevos líderes.

Los mejores líderes son humildes. Escuchan más de lo que hablan, aprenden más de lo que enseñan y comparten más de lo que acumulan. Un buen líder entiende que la mitad del éxito es suerte y la otra mitad, humildad. A medida que avanzás en tu propio proceso de liderazgo, empezás a notar que la profundidad de tu influencia depende más de la intención con la que actuás cada día que de la fuerza.

Uno de los pensadores más influyentes actualmente en materia de liderazgo, Simon Sinek, piensa que la pregunta central no es qué hacés, ni cómo lo hacés, sino por qué lo hacés.[xxxviii] Cuando ese "por qué" está claro y lo vivís con coherencia, las personas sienten que pueden confiar en vos, porque perciben el sentido que sostiene tus acciones.

Sinek ha puesto un ejemplo interesante para mostrar cómo centrarse en el "por qué" puede ser la clave del éxito, como lo es para Apple y también lo puede ser para vos. El asunto es que Apple no se presenta como la mayoría de las empresas. La mayoría empieza mostrando qué producto ofrecen o qué servicio tienen. Primero explican las características, después cómo se diferencian de la competencia y al final hacen un llamado a la acción esperando que comprés o elijás.

Esta estrategia parece bastante lógica, pero genera poco entusiasmo en los consumidores. La comunicación se limita a convencer con argumentos, en lugar de inspirar. Apple hace lo contrario, es una empresa que piensa de adentro hacia afuera, empezando por el "por qué": el propósito que los mueve, la visión que los guía, la razón por la que hacen lo que hacen.

Primero transmiten su visión y sus valores, después muestran cómo trabajan para lograrlo y, finalmente, presentan el producto concreto. Esto hace que las personas se identifiquen con la filosofía de Apple y su forma de ver el mundo, lo que convierte un simple producto en una invitación a sumarse a una idea y formar parte de una comunidad.

Cuando empezás por el "por qué", no vendés solo un producto o un servicio: generás identificación y sentido. La gente deja de seguir lo que hacés para empezar a seguir lo que representás. Esa es la esencia del concepto de Sinek: los líderes y empresas inspiradores buscan que los demás se conecten con un propósito superior. Ahí se genera la lealtad verdadera porque lo que la gente sigue es la razón que motiva a la empresa, no solo el producto que vende.

Al igual que Apple, mostrale a tu equipo que tenés una filosofía que vale la pena secundar y un propósito superior, que les puede dar una satisfacción más elevada que simplemente obtener buenos resultados económicos a fin de mes. Confieso que soy un fanático de Apple, pero te aseguro que mi fanatismo no interfiere con mi observación.

Aprovechá la paz y la fluidez de la etapa de reconfiguración para encontrar ese propósito superior capaz de inspirar a tus equipos, e intentá comunicarla de manera contundente. Los resultados de este trabajo seguramente te sorprenderán.

La lección del rey

Cuando un líder es incapaz de comunicar con claridad, otros terminan haciéndolo por él. En la película *El discurso del rey*[xxxix], Jorge VI, tímido y tartamudo, asume la corona inglesa en medio de una crisis internacional.

Esto sucedió en una época en la que la radio comenzaba a convertirse en un instrumento político decisivo, y los gobernantes enfrentaban un desafío nuevo: hablarles a millones de personas con claridad, sin margen para confusiones. Para lograrlo, Jorge VI buscó apoyo profesional, comprendió que saber comunicar era una parte esencial de su responsabilidad.

Hoy, en la era digital, la palabra de un líder tiene un peso enorme y circula a una velocidad que deja poco espacio para las ambigüedades. Cuando un mensaje llega incompleto o genera dudas, otros ocupan ese vacío con interpretaciones propias. En ese momento, el líder pierde control sobre la narrativa y también sobre la dirección del debate público.

La comunicación es hoy una parte esencial del ejercicio del liderazgo. Además de tomar la mejor decisión, hay que comunicarla con precisión y coherencia. Cuando un mensaje genera más confusión que claridad, se debilita la confianza.

Por eso vale la pena recordar la lección de Jorge VI: liderar implica gobernar la palabra. Si no definís tu mensaje, estás dejando que otros lo hagan por vos. Por esta razón, además de ser un buen líder, tenés que aprender a comunicar las virtudes de tu liderazgo de manera precisa y auténtica.

Autenticidad

Los mejores equipos no se construyen con talento individual, sino con confianza mutua, y esa confianza nace de líderes que se animan a mostrarse auténticos.

Ser auténtico es un compromiso diario que requiere reconocer errores, pedir ayuda y recibirla sin vergüenza. Cuando te mostrás humano, los demás se sienten habilitados a hacerlo y se genera un clima donde no hace falta fingir. Este tipo de entorno libera una energía que hace que las personas trabajen por convicción.

Otro punto clave del liderazgo contemporáneo es el manejo de la energía. Como ya hemos visto anteriormente, la energía es fundamental tanto para nuestra dinámica interna como para el intercambio con el mundo que nos rodea.

Para ser un buen líder, es importante saber renovar tu energía física, mental y emocional. Un líder agotado puede cumplir con sus tareas, pero pierde paciencia y perspectiva. En cambio, cuando cuidás tu energía, tu presencia se vuelve estable, firme pero serena, y eso contagia a los demás.

Liderar implica reconocer lo que sentís, entender lo que sienten los demás y actuar de forma que ambas experiencias puedan convivir. Para ser un líder exitoso, es importante que te afiancés en todo lo que ya has aprendido en la etapa anterior sobre la inteligencia emocional.

Tu capacidad de lectura emocional es una herramienta estratégica, porque te permite evitar conflictos innecesarios. A medida que desarrollás esta sensibilidad, vas descubriendo que el liderazgo también necesita una visión sistémica. Peter Senge sostiene que los líderes efectivos ven a su organización como un sistema de relaciones interdependientes. Esto significa que los problemas rara vez se originan en una sola persona; casi siempre surgen de dinámicas que se repiten.[xl]

Cuando podés mirar el sistema, dejás de buscar culpables y empezás a crear soluciones que mejoren el funcionamiento colectivo. Esta es una clave:

Quienes buscan culpables se estancan, los que buscan las fallas en el sistema, en las relaciones y en su propio accionar, avanzan y triunfan.

Un concepto que me ha servido mucho es el del liderazgo adaptativo, el cual plantea que la clave es tener la capacidad de lidiar con situaciones donde las reglas cambian y las soluciones requieren creatividad y aprendizaje. Este enfoque te invita a tolerar la incertidumbre sin paralizarte, y a sostener a tu equipo mientras se exploran nuevas posibilidades. Podés optimizar tu liderazgo de la siguiente manera:

- ***Aprendé a regular la intensidad.*** *Un buen líder sabe cuándo mostrar firmeza, cuándo transmitir calma y cuándo retirarse para que otros avancen. Ajustar la intensidad de tu accionar como líder te permite evitar tensiones innecesarias y mejorar tu impacto en el grupo.*

- ***Diseñá rituales que te ordenen.*** *Los hábitos marcan el ritmo del liderazgo. Un ritual de inicio y cierre del día puede ayudarte a mantener claridad, serenidad y foco. Por ejemplo, podés implementar una reunión semanal, incluyendo un tiempo sin agenda predeterminada, donde todos puedan expresar sus dudas, nuevas propuestas o preocupaciones.*

- ***Practicá la precisión en tus palabras.*** *Cuanto más claro hablás, menos espacio dejás para malentendidos. Evitá generalizaciones, explicá por qué algo importa y pedí lo que necesitás sin dejar lugar a ambigüedades.*

- ***Elegí tus batallas.*** *Un líder eficaz sabe distinguir entre lo urgente y lo importante. Hay situaciones que ameritan tu intervención inmediata y otras que no, y es esencial aprender a diferenciarlas.*

- ***Preguntá más, indicá menos.*** *Las preguntas abren, las órdenes cierran. Cuando preguntás, invitás a pensar, y cuando invitás a pensar, generás desarrollo y crecimiento en tu equipo.*

- ***Entrená la apreciación y el agradecimiento.*** *Buscá lo que sí funciona, celebralo y agradecele a los responsables. La apreciación fortalece la motivación y te ayuda a ver oportunidades donde otros solo ven problemas.*

- ***Mantené la calma en medio del caos.*** *Cuando permanecés sereno, tu equipo encuentra estabilidad. Tu presencia emocional es una herramienta de contención, hace que las personas comprendan que, aunque el mar esté turbulento, van en un barco con un capitán que sabe lo que está haciendo.*

- ***Sé consistente.*** *Tus decisiones pueden cambiar, pero es importante que actués según tus principios incluso cuando el contexto cambie. Las personas necesitan previsibilidad para poder funcionar y tu consistencia se las asegura.*

- ***Ampliá tu capacidad de reflexión.*** *Cuando reflexionás sobre tu accionar, tu influencia aumenta porque fomentás la confianza de tu equipo.*

Disciplina

La motivación te impulsa, pero lo que te sostiene es la disciplina. A veces escasean las ganas, pero si estás verdaderamente comprometida con tus objetivos, podés lograr lo que te propongás. La disciplina es cumplir con los objetivos que te has propuesto para vos misma, aunque no haya nadie controlando que lo hagás.

En mi trabajo tengo una frase escrita justo frente a mí, en un lugar bien visible: "Hacelo ya". Esa frase se ha convertido en una guía que me recuerda que no hay mejor momento que el presente. Me ayuda a acallar el ruido mental y a evitar el hábito de posponer. A veces sabemos exactamente qué es lo que tenemos que hacer para avanzar, pero empezamos a poner excusas: "más tarde", "cuando tenga tiempo", "cuando me sienta preparada". Pero el momento perfecto nunca llega y lo que no se hace ahora, rara vez se hace después.

Cuando veo ese recordatorio que me insta a "hacerlo ya", recuerdo que las grandes transformaciones dependen mucho menos de mi nivel de motivación que de mi capacidad de dar un paso, aunque sea pequeño, pero darlo hoy. La disciplina es algo muy distinto del autocontrol con el que a veces se le asocia. En realidad, es la capacidad de seguir avanzando incluso cuando la motivación baja o cuando te das cuenta de que no habrá resultados inmediatos.

Según Angela Duckworth, autora de *Grit*, lo que de verdad sostiene el crecimiento personal es la combinación entre pasión a largo plazo y perseverancia diaria, mucho más que el talento fugaz.[xli]

"El éxito tiene menos que ver con la inteligencia y los puntajes que se obtienen en las evaluaciones que con el grit, una combinación de pasión y perseverancia".[xlii]

— **Angela Duckworth**

La disciplina nace de la claridad. Por eso, antes de hablar de horarios o hábitos, tenés que preguntarte qué tipo de vida querés vivir y qué conducta diaria te acerca a ese ideal. Cuando conectás la disciplina con un propósito real, deja de parecerte una obligación. De lo que se trata es de vivir alineado con tu propia identidad.

La disciplina no depende solo de tu fuerza de voluntad. Roy Baumeister plantea que funciona como un músculo: si le exigís demasiado, se agota; si la entrenás con regularidad, se fortalece. Las investigaciones de Baumeister muestran que la fuerza de voluntad está presente en casi todo lo que intentás mejorar en tu vida: alimentarte mejor, estudiar más, administrar tu dinero, hacer ejercicio o evitar hábitos negativos.

Este autor plantea que la mayoría de los problemas modernos tienen, en algún nivel, una falla de autocontrol. Lo interesante es que, aunque la inteligencia no puede aumentarse con facilidad, la fuerza de voluntad sí puede fortalecerse. Baumeister descubrió que la voluntad funciona como un recurso limitado: cuando usás autocontrol en una tarea, te queda menos para la siguiente.[xliii]

En sus estudios clínicos, las personas que resistían una tentación, como privarse de comer una galleta de chocolate recién horneada, se rendían mucho más rápido frente a otros desafíos, lo que sugiere que parte de su capacidad interna ya se había agotado. Baumeister también descubrió que tomar decisiones agota tu fuerza de voluntad tanto como controlar tus impulsos. Por eso, después de un día de tomar muchas decisiones difíciles, nos cuesta más mantener hábitos saludables o evitar reacciones impulsivas.

Esta fatiga interna, que Baumeister llama "agotamiento del ego", explica por qué a veces reaccionás peor o te tentás más cuando estás mentalmente agotada. La idea central es simple: tu autocontrol es valioso, pero no infinito. Esto significa que no necesitás ser perfecta ni mantenerte firme todo el tiempo. Necesitás administrar tu energía y apoyarte en hábitos simples que te ayuden a sostener el esfuerzo.

La disciplina se construye mucho más por repetición que por motivación. Cada vez que repetís una acción alineada a tu propósito, reforzás la identidad que querés construir: el nuevo ser que emergerá cuando completés tu metamorfosis. Cuando apostás por un hábito sencillo pero consistente como cinco minutos de orden, diez de lectura o tener finalmente una conversación pendiente, estás enviándote el mensaje de que podés confiar en vos misma. Esa confianza es la base de la disciplina real: la convicción de que cumplís lo que te prometés.

La disciplina te acerca a vos misma, te obliga a escucharte, a reconocer tus excusas y a ordenar tus prioridades. He observado que se vuelve más estable cuando dejás de depender solo de tu voluntad y empezás a diseñar tu entorno. Esto incluye el orden de tus espacios, la ubicación de tus herramientas, la claridad de tus horarios y hasta la forma en que organizás tus descansos. Cuanta menos energía gastás en decidir sobre cosas que podés simplificar y automatizar, más energía te queda para sostener hábitos positivos.

Algo que me ha ayudado mucho con la disciplina es aprender a prepararme para los momentos en que sé que me puedo dispersar más. Si ya sé que ciertas actividades me cansan, las dosifico. Si sé que voy a necesitar pausas para sostener el ritmo, las programo. La disciplina te ayuda a concretar tus objetivos y fortalece tu autoestima. Entonces te sentís más segura y tu capacidad de tomar decisiones maduras crece.

Opino que las personas disciplinadas no somos rígidas, somos libres. La disciplina te da estructura para moverte, propósito para elegir y fuerza para sostener lo que decidiste que querés construir. Es la base de cualquier transformación positiva. Cuando la tenés, estás preparando el terreno para todo lo que te planteaste como objetivo en tu vida.

Solo la disciplina bien entendida puede llevarte hacia la construcción de tu yo más auténtico, el que emergerá en la última parte de este libro.

Paciencia estratégica

Un líder maduro actúa con intención, sabe cuándo avanzar y cuándo esperar. Según la *Ley de Falkland,*[xliv] "si no es necesario tomar una decisión, es necesario no tomarla". Eso es la paciencia estratégica: esperar el momento adecuado para decidir con más información, menos ego y más claridad.

A veces, no hacer nada también es una decisión sabia.

En tu etapa de reconfiguración hay tiempo para volverte más paciente y para entender que la paciencia es algo muy diferente de la pasividad. Cuando esperás con intención, usás un recurso que pocos saben administrar: tu energía mental. La impulsividad consume claridad, mientras que la pausa la multiplica.

La paciencia estratégica implica elegir cuál es el mejor momento para moverte. Cuando sabés esperar, dejás que los hechos revelen información que antes era inaccesible. Si te tomás un momento antes de actuar, lográs ver patrones que otros pasan por alto. Observás cómo reaccionan las personas, cómo evoluciona una situación y cómo se mueven las piezas invisibles de un conflicto.

Esta mirada favorece una comprensión más profunda y reduce la probabilidad de arrepentimientos futuros. Cuando me tomo mi tiempo, siempre llego a mejores decisiones y mejores resultados. Hay que saber medir cuándo el apuro es necesario y cuándo vale la pena sacrificar profundidad por velocidad. En mi experiencia, cuando esto ocurre, lo que hay es muchas veces un error de planificación. Las decisiones improvisadas suelen llevar al fracaso. En situaciones cotidianas, como responder un mensaje difícil o intervenir en una discusión, si actuás en el calor del momento, a veces te dominan el orgullo o la necesidad de resolver rápido. En cambio, si esperás unas horas, aparece la perspectiva.

La paciencia estratégica también te ayuda a gestionar mejor tus emociones. Aunque te sintás presionado, tenés que evitar que la presión tome el control. Dejar pasar más tiempo entre estímulo y acción mejora la calidad de tu respuesta, y esa distancia es una herramienta vital para un líder.[xlv]

El tipo de paciencia que te propongo es activa. Observás, evaluás, dejás respirar a la situación, adquirís información y elegís el momento adecuado para actuar. Practicar la paciencia estratégica te permite crear un liderazgo más estable y menos reactivo.

En el pasado, se veía a la idea del "jefe" o líder como alguien que decidía rápido, pegaba dos gritos y así mostraba su dominio. Ese arquetipo se ha vuelto arcaico. Gracias a la evolución de la ciencia, hoy sabemos que un líder que sabe esperar gana poder en lugar de perderlo.

Así como tenés que tener la paciencia suficiente para no saltearte ninguna etapa en tu metamorfosis, tenés que aprender a ser paciente en el día a día, para que todo lo que parecía tortuoso se vuelva más fácil y tu energía se mueva con mayor fluidez. Cultivá la paciencia estratégica para poder alcanzar la meta que más ansiás, solo te falta una etapa más para llegar al umbral final.

Diseñá tu realidad

Diseñar tu realidad tiene que ver con la narrativa interna que elegís. Cada persona vive dentro de una historia que se repite sin darse cuenta. Esa historia determina cómo interpretás tus experiencias y qué tan posible se vuelve lo que deseás construir. Cuando tomás el control de esa narrativa, dejás de vivir en piloto automático y empezás a elegir desde un lugar más consciente. Es un proceso que requiere identificar los relatos que heredaste y decidir cuáles querés sostener y cuáles ya no te sirven.

Diseñar tu realidad también implica diseñar tus intenciones. Una intención clara funciona como una brújula que te orienta. Los objetivos muy genéricos resultan débiles, mientras que las intenciones bien determinadas aumentan tu perseverancia y tu compromiso. Básicamente, se trata de crear una especie de dirección interna capaz de orientar tus decisiones diarias.

Hay algo que me interesa mucho sobre diseñar la realidad. Es lo que se refiere al concepto de moldear tus identidades futuras. Cuando imaginás quién querés ser dentro de unos años, tu cerebro empieza a reorganizar sus prioridades.

Te propongo que visualicés qué hábitos, qué actitudes y qué valores tendría la versión futura de vos que imaginás. Basándote en esa identidad futura, vas a poder decidir qué pensamientos alimentás, qué principios te guían y qué acciones tenés que repetir.

La influencia de tu entorno

Tu entorno está formado por tres pilares: las personas que te rodean, los espacios que habitás y las rutinas que repetís. Cada una de esas partes influye directamente en tus emociones, tu productividad y tu crecimiento. Podés tener metas impresionantes, pero si estás rodeado de energía negativa, desorden o distracciones, te vas a estancar. Por otra parte, aunque enfrentés desafíos grandes, si tu entorno te sostiene, vas a avanzar con firmeza.

Cuidar tu entorno, es cuidar lo que soñás para tu vida.

Tu entorno es el terreno sobre el que construís tu vida. Es un error plantar una semilla en tierra árida y esperar que nazcan flores. Por eso, te invito a crear conscientemente el espacio físico, emocional y social capaz de acompañar tu crecimiento de la mejor manera. El entorno físico que construís refleja tu estado mental: un espacio desordenado genera ruido interno, mientras que un entorno ordenado y con buena energía te da claridad.

La perfección y el lujo son innecesarios, de lo que se trata es de crear nuestros entornos con intención. Colocá a tu alrededor objetos que te inspiren, eliminá lo que no usás, abrí las cortinas, dejá entrar la luz. En ocasiones, cambiar tu entorno físico es el primer paso para cambiar internamente.

En los tiempos que corren, también hay que cuidar el entorno digital. Las redes sociales y el contenido que consumís influyen más de lo que parece. Todo lo que ves, escuchás o leés sirve para alimentar tu mente. El silencio de la etapa de reconfiguración es el mejor momento para pensar en qué entorno te querés desarrollar. Podrías comenzar preguntándote:

¿Qué contenido consumo cada día?

¿Me impulsa o me desgasta?

¿Me conecta con mis valores o me aleja de ellos?

Si algo no te aporta, soltalo. Limpiar tus redes y tus espacios digitales es una forma de autocuidado. Las personas también son una parte esencial de tu entorno. Algunas te suman, otras te restan, no necesariamente porque sean malas, sino porque están en otra etapa, con otra energía. Rodeate de personas que te eleven, te inspiren, te escuchen con empatía, celebren tus logros y te digan la verdad. Si ves que hay personas que te quitan energía, aprendé a poner límites para cuidar tu paz mental.

En la etapa de la Autoconciencia hablamos de los mentores. Ahora que estás en un momento de reflexión y crecimiento, te toca preguntarte: ¿quién podría ser un buen mentor para esta etapa más avanzada? La persona que te acompañó cuando recién estabas descubriendo las bases de tu identidad y poniendo los cimientos de tu transformación probablemente sea inadecuada para acompañarte ahora. Buscá bien, identificá qué tipo de personalidad y qué aptitudes pueden contribuir más a tu desarrollo, y elegí un nuevo mentor.

Las relaciones sanas con tu mentor, con tu equipo, con tu familia y con tus pares, son una de las mayores fuentes de fortaleza que podés encontrar. Rodeate de lo que te ayuden a crecer y ponele límites a la influencia de los que te quieren cortar las alas. Cuando estás en un camino de crecimiento, no te podés dar el lujo de que haya personas en tu vida que te den solamente problemas. Cuidá tu entorno porque dice mucho sobre quién sos y quién podés llegar a ser.

Has llegado al final de la etapa de reconfiguración. Ya estás listo para salir de tu cueva. En este capítulo, aprendiste a liderar sosteniendo la coherencia interna, y dando el ejemplo con cada acción. Te convertiste en un líder que genera confianza real y equipos más autónomos y comprometidos.

También incorporaste la disciplina como base del crecimiento sostenido, entendida como constancia alineada a tu identidad. La repetición consciente de hábitos y la paciencia estratégica te han ayudado a avanzar con claridad.

Por último, aprendiste a diseñar tu realidad desde la narrativa interna, las intenciones claras y la construcción consciente de tu entorno físico, emocional y social. Elegir qué narrativas sostenés, de quiénes te rodeás y qué energía cultivás ha sido el paso final para prepararte para volar y dirigir tu vida con intención y libertad.

Estoy feliz de que hayás llegado hasta acá. Ya estás entrando en tu mejor versión. Lo único que me falta contarte es cómo evitar estancarte y cómo seguir avanzando en tu crecimiento. En la siguiente sección, te enseñaré algunas tácticas para no tener techo, para que no existan límites para lo que podés llegar a lograr una vez que tu metamorfosis esté completa.

Gracias por haber trabajado tanto para llegar hasta acá. Seguro que valió la pena. Has logrado que tu mundo se vuelva más amable y tus sueños estén al alcance de tu mano.

Ideas clave del capítulo diez

o *El liderazgo auténtico inspira desde el ejemplo, la coherencia y la empatía.*

o *Liderar es convertirte en el cambio que esperás ver en el mundo.*

o *La humildad, la comunicación clara y la capacidad de reconocer errores generan confianza en los líderes y vínculos genuinos.*

o *La disciplina implica cumplir objetivos más allá de si alguien te vigila y no dejar nada para un "después" indefinido.*

o *Un líder debe saber cuándo actuar y cuándo ejercer la paciencia estratégica.*

o *Cuidar tu entorno físico y digital es una forma de impulsar tu crecimiento.*

Parte cuatro: Expansión

*"No es porque las cosas sean difíciles que no nos atrevemos;
es porque no nos atrevemos que son difíciles".*
Séneca

Bienvenido a tu nueva vida. Ya te convertiste en alguien nuevo. Desde la confusión, desde el ego disuelto de la etapa anterior, lograste reconstruirte hasta convertirte en quien siempre estuviste destinado a ser. Ya dejaste atrás a ese que el mundo te dijo que fueras. Vos elegiste tu verdadero destino en armonía con la génesis de tu esencia.

Ya tenés alas para volar. Las ideas que solías tener sobre tus limitaciones ya no tienen cabida. Ya sabés lo que es importante para vos y cómo querés vivir. Comprendés que si querés volar debés renunciar a aquello que te pesaba. Ya lograste dejar atrás al que fuiste antes para poder ser este ser increíblemente poderoso en el que te has convertido.

Ahora necesitás aprender a sostener este camino, a afianzar todo lo que construiste hasta acá y a seguir creciendo con intención. A veces, la memoria de quien eras antes te llama de vuelta a la "seguridad", entendida como la familiaridad de tu vida previa a la transformación.

Sin embargo, ya no sos el mismo. Algo en vos cambió y lo sabés. A partir de ahí aparece una tensión cotidiana: la de elegir entre volver a lo conocido o avanzar hacia una versión más consciente de vos mismo. Es una batalla diaria entre lo que te resulta cómodo y lo que sabés que te hace crecer, un desafío constante que te invita a sostener lo aprendido y a seguir elevando tu forma de vivir.

En esta etapa, vas a entender que los únicos límites están en tu mente y que vos los podés vencer. Vas a poder ser vos mismo sin complejos, te vas a sentir completo y preparado para enfrentar cualquier dificultad. Tu nuevo mundo es la libertad de poder volar hacia donde querás, sin que los vientos externos te desvíen. Para mantenerte en tu camino vas a pasar por varios niveles, como el crecimiento constante y la positividad. Luego, vas a adquirir herramientas para diseñar tu futuro y cada vez llegar más alto.

Tu objetivo es afirmarte en lo conseguido y usarlo como un trampolín para tener metas cada vez más ambiciosas. A partir de hoy, nada te parecerá imposible.

A partir de acá comienza la verdadera expansión, que está basada en un crecimiento constante construido desde lo cotidiano. Ahora vas a diseñar hábitos que acompañen la vida que querés sostener. La simplicidad se volverá una aliada: aprender a soltar lo innecesario te permitirá enfocar tu energía en lo que realmente importa y alinear tu vida con tus valores más profundos.

En este camino, la conexión positiva cumplirá un rol central. Elegirás conscientemente decir sí a las oportunidades que te expandan y te despedirás de la negatividad que limita tu visión. La creatividad aparecerá cuando tu mente deje de estar en modo defensa y se abra a crear desde la confianza. Tu actitud empezará a convertirse en una fuerza que transformará no solo tu experiencia personal, sino también la de quienes te rodean.

Diseñar tu futuro dejará de ser un deseo abstracto y se convertirá en una práctica concreta. La libertad financiera será el resultado de la coherencia entre lo que ganás, lo que consumís y lo que valorás. Al mismo tiempo, el consumo consciente reflejará tu nueva relación con el mundo material, donde cada elección tendrá intención.

En esta etapa, el impacto y el legado comienzan a importar tanto como tus logros individuales y la adaptabilidad se vuelve clave para seguir creciendo sin perder tu centro. Te invito entonces a expandirte desde una raíz firme, a crecer sin desconectarte de vos, a avanzar sin traicionarte y a crear un futuro genial, alineado con tu esencia.

Crecimiento constante

El crecimiento constante tiene que ver con tu capacidad de hacer las cosas una y otra vez, sostenerlas en el tiempo y, de a poco, hacerlas cada vez mejor. Aprenderás a volar más alto gracias a la constancia y sus principales aliados: el diseño de hábitos, la mentalidad de crecimiento, la simplicidad y la alineación.

Cuánto más repetís una acción y más veces te sale bien, más rápido aprendés y más eficiente te volvés. Por eso, la constancia y la formación de hábitos son grandes motores de la productividad, porque transforman el esfuerzo en progreso. Avanzar hacia tus objetivos no depende solo de tener disciplina o buenos hábitos en la teoría, sino de mantenerlos en la práctica.

Aunque sepás exactamente qué hacer y tengás las mejores intenciones, si la constancia falla, tu avance se frena. El secreto es estar presente todos los días y hacer lo que tenés que hacer, incluso cuando sea difícil encontrar la motivación.

El vuelo se construye con músculos que se mueven sin parar, sin detenerse. Si un ave siente cansancio, no puede parar de aletear en medio del cielo, sabe que primero hay que llegar al lugar hacia dónde va. De la misma forma, mejorar, crecer y desarrollarte, tanto en lo personal como en lo profesional, requiere acciones repetidas y músculos bien trabajados, que rara vez se detienen.

La evolución sin constancia es una ilusión.

Todo lo que querés fortalecer necesita tiempo, presencia y compromiso sostenido. Cada vez que cumplís con lo que te propusiste, construís algo que se acumula y te acerca un poco más a lo que buscás. La constancia también aporta algo clave en los entornos de trabajo: previsibilidad. Cuando vos y las personas con las que trabajás saben qué esperar, el comportamiento de todos se vuelve más estable y coherente.

Esa claridad reduce fricciones, evita problemas innecesarios y hace que todo funcione de manera más fluida. La gente se siente más segura cuando sabe que las reglas, las respuestas y las acciones no cambian todo el tiempo. Ese grado de confianza es la base de un ambiente de alto rendimiento, donde cada uno puede concentrarse en hacer bien su parte sin estar adivinando qué va a pasar después.

Diseño de hábitos

En mis primeros años de universidad, no tenía idea de cómo potenciar un hábito o trabajar la constancia, hacía lo que podía. Quería obtener mi diploma, aprender y aprovechar la experiencia, pero era más desordenado. Con el tiempo me fui dando cuenta de que organizar mejor mi tiempo hacía que pudiera estudiar para los exámenes e ir de fiesta con mis amigos, sin descuidar ningún área de mi vida.

Descubrir la importancia de formar hábitos positivos me ayudó a graduarme rápido y a aprovechar muchas oportunidades que, de otro modo, habría desperdiciado. Hoy cultivo los hábitos de manera sistemática. Soy consciente de que hacer algo todos los días reduce la fricción cognitiva, y convierte la acción en un comportamiento automático.

Gran parte de nuestras acciones diarias dependen de rutinas que se activan de manera casi automática, mucho más que de decisiones conscientes. Esto explica por qué la repetición constante termina siendo más fácil que la intermitencia. Cuando repetís una acción a diario, por ejemplo, salir a correr o escribir todos los días, esas acciones empiezan a definir quién sos; se transforman en estilo de vida y evidencia cotidiana de tu compromiso con vos mismo.

Por eso, la constancia diaria se siente más liviana que intentar cumplir "cuando se puede". Si te conformás con hacer ejercicio cada vez que podés, eso difícilmente te ayude a darle estructura a tu vida. En cambio, si sos alguien que se levanta una hora antes de ir a trabajar todos los días para salir a correr media hora, eso se vuelve parte de quién sos.

Para sostener un hábito diario necesitás un enfoque flexible. Exigirte cumplir con la acción, pero permitirte variar la intensidad, es una forma eficaz de adaptarte al caos de la vida sin romper la continuidad. Cumplir, aunque sea con un mínimo de tu objetivo, mantiene viva la cadena y refuerza el hábito.

Tengo un amigo que siempre me dice que con solo presentarte en el gimnasio ya hiciste la mitad del trabajo. Tiene toda la razón, eso me ha ayudado en muchas áreas de mi vida. Para cualquier cosa que nos cueste hacer, si pensamos que la mitad ya la hicimos solo presentándonos, entonces el resto se nos hace más ligero.

La investigación sobre formación de hábitos confirma que lo que fija estas conductas es la repetición sostenida en el tiempo, mucho más que la intensidad. Incluso acciones pequeñas, cuando se repiten con constancia, producen cambios de impacto a largo plazo.[xlvi] Sé que estas palabras pueden sonar un poco románticas, pero es todo muy real. Cuando leí *Hábitos Atómicos*[xlvii] de James Clear, leí sobre el estudio de University College London[xlviii] que me parece muy oportuno para darte un poco de inspiración en esta etapa final de expansión.

El estudio buscaba responder algo muy concreto: ¿cuánto tiempo tarda una conducta en volverse automática en la vida real? Los científicos reclutaron a 96 personas comunes y les pidieron que eligieran un hábito para implementar todos los días durante 12 semanas. Algunos eligieron comer una fruta, otros tomar agua, otros salir a caminar o hacer alguna actividad física. La clave era que lo hicieran siempre en el mismo contexto, por ejemplo "después del desayuno" o "cuando vuelvo del trabajo".

Cada día, los participantes registraban dos cosas: si habían completado o no la acción y qué tan automática les había resultado. Con el correr de los días, los investigadores fueron observando cómo la sensación de "hacerlo sin pensar" iba creciendo. Cuando se evaluaron los resultados, apareció algo interesante: la automatización no crecía en línea recta, sino como una curva que sube rápido al principio y después se aplana. Al comienzo cuesta, después se vuelve más fácil, y llega un punto en que ya no progresa la automatización, simplemente porque la acción se ha vuelto casi completamente automática.

Una cosa interesante es que las personas que ejecutaban la acción con mayor regularidad eran las que mostraban una curva más clara de formación del hábito. También apareció un dato que seguro te resulte tranquilizador: saltarse un día no arruinaba el proceso; perder una oportunidad no tiraba todo por la borda, siempre y cuando se retomara después. Ahora viene la parte que menos me gusta del asunto, pero verás que es importante conocerla. El tiempo que tardaron las personas en llegar a un nivel alto de automatización fue muy distinto entre unas y otras. Algunas lo lograron en apenas dieciocho días, mientras que otras necesitaron más de ocho meses.

Esto dejó clarísimo que:

Cada persona y cada hábito tienen su propio ritmo.

Una cosa que entendí al leer sobre este experimento es que la constancia importa mucho más que el perfeccionismo y, como ya vimos en la etapa anterior, la paciencia es clave. En otras palabras, si sentís que todavía te cuesta algo que venís intentando hace semanas, no significa que estés fallando. En realidad, quiere decir que estás exactamente en el medio del proceso real de formar un hábito.

Algo que aprendí luego de fracasar algunas veces es que intentar pasar de cero a cien suele generar agotamiento y frustración. El progreso gradual permite que el sistema nervioso y los hábitos se adapten sin resistencia excesiva.

Está claro que en algún momento vas a fallar, porque es parte del proceso. El error aparece cuando intentás compensar esa falla con un esfuerzo desmedido al día siguiente. Castigarte suele generar más agotamiento y aumenta las probabilidades de que vuelvas a fallar.

La autocompasión mejora la capacidad de retomar hábitos después de un tropiezo, mientras que la autocrítica excesiva tiende a sabotear la continuidad. Por otra parte, el progreso sostenido, aunque sea lento, genera motivación interna y refuerza tu comportamiento a largo plazo.[xlix]

En esta etapa de tu metamorfosis, ya sabés que la palabra "límite" no debe formar parte de tu vocabulario. Me gusta pensar que todos los límites son temporarios. Cuando te encontrás con un límite, simplemente tenés que ser consciente de él y aplicar todo lo que has aprendido hasta ahora para expandirte y sobrepasarlo.

Mentalidad de crecimiento

Desarrollar una mentalidad de crecimiento es clave para alguien como vos que ya tiene todo lo necesario para progresar. La idea central es simple: mientras que alguien con mentalidad fija cree que sus talentos son inmutables, alguien con mentalidad de crecimiento entiende que todo se puede aprender y mejorar. Lo importante es estar dispuesta a aprender, equivocarse y seguir intentándolo.

Por ejemplo, imaginá que querés lanzar tu propio negocio y necesitás manejar algunos conceptos básicos de finanzas, como armar un presupuesto o preparar estados contables. Si tenés una mentalidad fija, tal vez te digás a vos misma: "Nunca fui buena con los números". En cambio, si adoptás una mentalidad de crecimiento, podés decir: "No sé nada de finanzas, pero puedo aprender". Esa simple diferencia de pensamiento lo cambia todo, porque convierte cada desafío en una oportunidad para aprender en lugar de un obstáculo.

El concepto de mentalidad fija versus mentalidad de crecimiento lo conocí cuando leí el libro de Carol Dweck: *Mindset: The New Psychology of Success*.[1] Dweck me enseñó que, para alguien con mentalidad fija, enfrentarse a un desafío puede parecerse al fracaso, porque implica que, si uno no tiene la habilidad de entrada, no hay manera de mejorar. Para quien tiene mentalidad de crecimiento, en cambio, cada obstáculo es un campo de entrenamiento, un espacio para adquirir nuevas habilidades y conocimientos.

En palabras de Dweck:

> ¿Para qué perder tiempo demostrando una y otra vez lo genial que sos, cuando podrías estar mejorando? ¿Por qué ocultar tus debilidades en lugar de superarlas? ¿Por qué buscar amigos o parejas que solo refuercen tu autoestima en lugar de quienes también te desafíen a crecer? ¿Y por qué conformarte con lo seguro en lugar de buscar experiencias que te eleven y te hagan crecer? La pasión por superarte y perseverar en el esfuerzo, incluso (o especialmente) cuando las cosas no van bien, es la clave de la mentalidad de crecimiento. Esta es la mentalidad que les permite a las personas prosperar incluso en los momentos más difíciles de sus vidas.

Una de las ventajas más claras de una mentalidad de crecimiento es que te permite moverte hacia nuevas áreas sin que tu pasado te limite. En ocasiones, nos parece que nuestra experiencia previa nos encasilla, pero en realidad, cada habilidad que hoy te falta es algo que podés aprender. Las personas con mentalidad de crecimiento muestran actividad cerebral al momento de corregir sus errores y procesar lo aprendido. Mientras tanto, quienes tienen mentalidad fija muestran una especie de "bloqueo" ante sus fallas. En otras palabras, tu cerebro literalmente responde diferente dependiendo de tu actitud frente a los errores.

Saber que siempre hay algo nuevo por aprender también te impide caer en la trampa de creer que lo sabés todo. La mentalidad de crecimiento se fortalece cuando la combinás con metacognición (la habilidad de pensar sobre cómo aprendés). Las personas con mentalidad de crecimiento que reflexionan sobre cómo aprenden y buscan retroalimentación, evolucionan más rápido.

La mentalidad de crecimiento es mucho más efectiva cuando se adapta a tu contexto emocional, ya que se potencia cuando tu entorno te apoya y tu desarrollo emocional lo sostiene. Si hiciste la tarea en las etapas de Conexión y Reconfiguración, difícilmente tengás problemas en este punto. Dicho esto, es oportuno marcar que la mentalidad de crecimiento es algo variable, y suele modularse según la tarea o área de acción. Por ejemplo, podés tener mentalidad de crecimiento para aprender idiomas y al mismo tiempo mentalidad fija en cuestiones sociales.

La flexibilidad mental es algo que tenés que cultivar. Cuanto más desarrollés tu flexibilidad en las etapas anteriores, más aumentará tu capacidad de aplicar crecimiento en múltiples áreas. Como me fascina la ciencia, algo que sigo muy de cerca es como impacta la neuroplasticidad en nuestra capacidad de crecimiento. Lo que he aprendido es que cuando adoptás una mentalidad de crecimiento y la combinás con constancia tu cerebro cambia, consolida nuevas conexiones neuronales y vuelve cada vez más accesible aquello que antes te parecía difícil.

Estos cambios que podés desarrollar y potenciar en tu etapa de Expansión te ayudarán a adaptarte y prosperar, incluso en los entornos más complejos e inciertos. Para desarrollar una mentalidad de crecimiento podés:

- ***Entregarte a los desafíos.*** *Cada obstáculo es una oportunidad de aprendizaje, no una barrera.*

- ***Celebrar el esfuerzo, no solo el resultado.*** *Reconocé y premiá el trabajo constante y el progreso gradual.*

- ***Cultivar la curiosidad.*** *Leé sobre nuevas tendencias, asistí a talleres, evacuá tus dudas con otros profesionales. La curiosidad activa la mente y te permite adaptarte con rapidez a los cambios y a las oportunidades.*

- ***Aprender a no buscar aprobación.*** *En lugar de estar pendiente de lo que piensan los demás, enfocate en lo que podés aprender de cada situación.*

- ***Rodearte de personas con mentalidad de crecimiento.*** *Construí un círculo de mentoras, colegas y colaboradoras que compartan tu visión y te impulsen a mejorar constantemente.*

- ***Participar en cursos y capacitaciones.*** *Aprender nuevas habilidades de manera organizada y sistemática refuerza la idea de que siempre podés mejorar.*

- ***Ponerte metas claras de aprendizaje.*** *Definí metas de lo que querés aprender y cómo vas a aplicar ese conocimiento en tus proyectos.*

- ***Repetir y ajustar constantemente.*** *Implementá una dinámica de prueba, error y mejorá en cada cosa que emprendás.*

Adoptar una mentalidad de crecimiento es un viaje de ida. Te hace más fuerte, más flexible, y aumenta tu capacidad de concretar lo que soñás de manera exponencial.

Simplicidad

Soy un apasionado de la simplicidad. Mucho de lo que hacemos a diario se puede simplificar ya que perdemos demasiado tiempo en complejidades innecesarias. En un mundo saturado de estímulos, tu mente se sobrecarga, pero cuando aprendés a reducir lo innecesario, liberás espacio para enfocarte en lo que realmente importa.

"Complicar lo simple es algo común; simplificar lo complicado es maravillosamente simple, eso es la creatividad".[li]

—*Charles Mingus*

Minimizar la complejidad mejora tu capacidad de tomar decisiones y te permite priorizar lo esencial, lo que convierte cada elección en un paso más cerca a tus objetivos. Simplificar le permite a tu mente concentrarse y hace que emerja la creatividad. Al eliminar todo lo superfluo, aflora lo que realmente puede generar impacto. Cuando simplificás procesos, te volvés más eficiente y lo mismo pasa con tu equipo. Los sistemas sencillos reducen la fricción y permiten que los equipos operen con menos estrés, mayor velocidad y precisión.

Una mente despejada se abre a conexiones inesperadas que impulsan la innovación, permitiéndote desarrollar soluciones originales. Vivir con simplicidad significa gestionar bien tu tiempo, tu energía y tus recursos.

El principio conocido como la "navaja de Occam[lii]", sostiene que, ante explicaciones múltiples, la más sencilla suele ser la correcta. Pensá en esto un momento: estás tratando de solucionar un problema tremendo, pero ¿y si la solución más simple fuera la que funciona? Aplicar este enfoque implica eliminar redundancias y complicaciones que consumen tu tiempo y energía. Buscar la solución más sencilla potencia la resolución de problemas.

En estos tiempos de hiperconectividad, la simplicidad también tiene un impacto directo en tu salud mental. Filtrar lo esencial reduce la sobrecarga cognitiva y te permite tomar decisiones más precisas sin que te distraigas con estímulos superfluos. Adoptar la simplicidad significa enfocarte en lo que realmente produce valor para vos y te permite avanzar con firmeza, haciendo que tus esfuerzos rindan.

Alinear tu vida

El equilibrio va mucho más allá del control. Cuando tenés equilibrio, te movés entre las distintas áreas de tu vida con armonía: el trabajo, tus relaciones, la salud, el descanso. Tu mentalidad es el filtro con el que ves el mundo. Si tu mente está enfocada en la escasez, vas a ver límites; si está enfocada en la posibilidad, vas a encontrar caminos. Lo que imaginás con frecuencia empieza a tomar forma, porque tu mente trabaja para hacerlo realidad. Por eso, visualizá tus metas, creé en ellas y actuá como si ya las hubieras alcanzado.

Cuando estás en calma y enfocada en tu propósito, elegís desde la conciencia, en lugar de desde la reacción. Balanceá tu intuición con la lógica: la intuición te muestra el rumbo y la lógica te ayuda a recorrerlo. Alinear tu vida es más que tener objetivos claros o una lista de tareas bien organizada; se trata de sincronizar lo que hacés, sentís y pensás con lo que querés lograr.

La verdadera alineación surge cuando cada decisión que tomás a diario refleja tus valores y aspiraciones, más allá de tus obligaciones inmediatas o las expectativas de los demás. Es importante que haya coherencia entre tus hábitos y tus objetivos. Prestale atención a tus rutinas diarias, desde cómo organizás tu mañana hasta la manera en que te relacionás con otras personas.

También hay que aprender a priorizar lo que realmente importa. Mucha gente se queda atrapada en lo urgente y pierde de vista lo importante. Tener claras tus prioridades te da libertad y reduce el desgaste emocional.

Ya hemos hablado sobre la importancia de ser flexible, pero ahora iremos más allá. La clave para esta etapa más avanzada de tu transformación es aprender a ser flexible sin perder el rumbo. La alineación implica ser capaz de ajustar el rumbo sin traicionar tus valores. Esto requiere una autoevaluación constante: tenés que revisar periódicamente si tus decisiones, relaciones y hábitos aún están en sintonía con tu visión.

Si algo no encaja, es una oportunidad para recalibrar.

Cuando empezás a vivir de manera alineada, cada día tiene un propósito más claro, tus acciones se vuelven menos forzadas y experimentás un bienestar más profundo. Se trata de construir una vida que te permita crecer en todas las dimensiones: personal, profesional y emocional. Una forma muy clara de ver la alineación es como la capacidad de transformar lo cotidiano en una expresión auténtica de quién sos y quién querés ser.

Esta etapa de la metamorfosis se llama Expansión porque realmente es un tiempo en el que vas a sobrepasar muchos límites. Es un tiempo de celebración de tu capacidad de transformarte radicalmente. En este capítulo te has acercado mucho más a ese estado expansivo: aprendiste a estar alineada entre lo que hacés, lo que pensás, lo que decís, lo que soñás y el lugar de donde venís, y esto es totalmente esencial para poder sostener una transformación trascendental.

Ideas clave del capítulo once

- *La constancia y los hábitos sostenidos convierten el esfuerzo en progreso real.*
- *Sostener un hábito requiere flexibilidad y autocompasión: permitirte variar la intensidad sin romper la continuidad mantiene vivo el proceso y te ayuda a volver cuando algo se interrumpe.*
- *La mentalidad de crecimiento te permite aprender, equivocarte y mejorar sin quedar atrapado en tu pasado, avanzando con mayor apertura y velocidad.*
- *Simplificar y minimizar tu vida, tu trabajo y tu entorno ordena tu mente, mejora tus decisiones y libera espacio para lo realmente importante y para la creatividad.*
- *Alinear tu vida es sincronizar lo que hacés, pensás y sentís con lo que querés construir, para que cada decisión refleje tus valores y aspiraciones.*

Conexión positiva

Bienvenido al mundo de la conexión positiva. Ahora vas a aprender dos cosas esenciales para alcanzar la fase final de tu metamorfosis, la de la libertad más absoluta. La primera es la importancia del sí en tu nueva vida y la segunda es a sacarles el máximo jugo a las conexiones para ser cada vez más independiente y desarrollar tu máximo potencial.

El poder del sí

Hay personajes de la historia que quedan en la cultura popular por las razones equivocadas. Aunque todos lo conocen solo como un seductor empedernido del siglo XVIII, Giacomo Casanova[liii] era, sobre todo, alguien que entendía profundamente el poder del "sí". En sus memorias, Giacomo cuenta cómo muchas de las oportunidades que definieron su vida surgieron de responder con un "sí" a invitaciones y encuentros que no sabía adónde lo llevarían.

Casanova decía que su mayor talento no era la inteligencia ni el encanto, sino su disposición a entrar en las experiencias antes de entenderlas por completo. Esa actitud de aceptar antes de controlar fue lo que enriqueció su vida y lo llevó a viajar por toda Europa, sin ser noble ni tener dinero, y a vivir mil aventuras.

La sociedad de hoy nos ha llevado a protegernos, a elegir solo lo seguro. Sin embargo, la ciencia ha demostrado que el crecimiento personal y profesional rara vez ocurre en territorios conocidos. Tu cerebro aprende mejor cuando se enfrenta a lo nuevo, a lo incierto, a lo que todavía no dominás. Decir "sí" es abrir una puerta para que tu sistema cognitivo se adapte, cree nuevas conexiones y amplíe su repertorio.

Byung-Chul Han dice que vivimos en una cultura del control y del rendimiento, donde todo tiene que estar justificado de antemano. El problema es que ese exceso de control reduce nuestra experiencia vital. El "sí" funciona como un acto de resistencia: es elegir la vivencia por encima de la explicación, el proceso por encima de la garantía. Cuando decís "sí", dejás de vivir solo desde la mente predictiva y empezás a vivir desde el cuerpo y la experiencia.

Las personas que adoptan una actitud de apertura tienden a desarrollar mayor creatividad, resiliencia y bienestar a largo plazo. Decir "sí" te permite explorar lo que todavía no dominás. Cada vez que le decís sí a algo nuevo, entrenás tu tolerancia a la incertidumbre, una de las habilidades más valiosas en el mundo actual.

Hace poco me puse a analizar mi vida y comprendí que ciertas cosas que no había controlado totalmente me habían llevado a grandes logros. He comprobado que los eventos que transforman una vida no se eligen racionalmente, sino que se reconocen después de haberlos atravesado. Primero llega el compromiso, después el sentido; el "sí" viene antes de la comprensión. Esperar a entender todo antes de actuar suele ser una excusa elegante para no moverte.

Decir "sí" cambia tu relación con el miedo, que deja de ser el director de la orquesta de tu vida. Exponerte de manera gradual a situaciones nuevas reduce la ansiedad y fortalece la autoconfianza. Cada "sí" que te lleva por buen camino, te reafirma que sos capaz de lograr más de lo que creías. El poder del "sí" redefine tu identidad, porque te das cuenta de que sos mucho más que lo que planeás, y que lo que te abrís a experimentar también es parte de vos.

Tu identidad no se construye solo con decisiones racionales, sino con historias vividas. Casanova no se volvió Casanova por reflexionar demasiado, sino por haberse metido en situaciones que lo obligaron a crecer, adaptarse y reinventarse. El poder del "sí" es hermano de la curiosidad y del coraje. Reconoce el riesgo, pero no se paraliza por él, porque entiende que quedarse siempre en lo conocido también tiene un costo, aunque sea menos visible.

Decir "sí" te saca del personaje que ya conocés y te acerca a versiones de vos que todavía no existen. De este modo, se vuelve una herramienta fundamental para seguir transformándote y derribando barreras.

Adiós a la negatividad

Para entender un poco más a fondo la idea de decir sí, tenemos que pensar un poco sobre su opuesto: decir no. En ocasiones, la negatividad se presenta disfrazada de prudencia o de "tener los pies sobre la tierra", como si rechazar nuevos caminos te protegiera del peligro. Sin embargo, cuando te acostumbrás a esa actitud, tu mundo se empieza a achicar.

Tu cerebro tiene un sesgo natural hacia lo negativo.[liv] Esta herencia evolutiva servía para sobrevivir en la época de las cavernas, cuando los peligros que acechaban en lo desconocido eran mucho mayores, pero el mundo ha cambiado mucho desde entonces.

Imaginate que recibís al mismo tiempo la respuesta de dos universidades a las que aplicaste: una te acepta y la otra te rechaza. Aunque hayás puesto el mismo esfuerzo en ambas aplicaciones, el impacto emocional no se reparte igual: sentís una desilusión por el rechazo, que opaca por completo la alegría que podrías sentir por la aceptación. Este es un claro ejemplo de sesgo de negatividad: las experiencias negativas nos pesan mucho más que las positivas.

A largo plazo, la negatividad empieza a tener cada vez más impacto. Cuando tenés pensamientos negativos con frecuencia, tu sistema nervioso se adapta a ese estado como si fuera normal. El cerebro refuerza los circuitos que más usamos, así que cuánto más anticipás lo peor, más automática se vuelve tu disposición hacia la negatividad. Si te sentís negativo, no pensés que "sos así"; lo que ocurre es que entrenaste tu mente para ver amenazas donde no las hay.

Las experiencias negativas tienen un impacto profundo en nuestra salud mental. Si tu mente está llena de pensamientos negativos, te cuesta más disfrutar de las cosas buenas que te pasan. La negatividad constante puede volverse una forma de resignación sofisticada, un cinismo que te convence de que nada vale la pena, aunque ni siquiera lo hayás intentado. Así, evitás el riesgo, pero también bloqueás cualquier posibilidad de cambiar, y tu vida se vuelve predecible y plana.

Tus vínculos también se ven afectados por la negatividad. Cuando tenés una visión negativa, generás entornos de baja cooperación. La negatividad es contagiosa. Tu forma de interpretar la realidad influye directamente sobre el ánimo de las personas que te rodean.[lv] Imaginate que estás en un proyecto con un líder pesimista. Sería una verdadera pesadilla porque es imposible avanzar sin esperanza.

En tu propio interior, mientras tanto, la negatividad sostenida reduce tu motivación y debilita tu capacidad de aprender de los errores. Cuando empezás a definirte más por lo que evitás que por lo que creás, tu mente deja de explorar y se dedica a defenderse.

Al cuestionar la negatividad, elegís conscientemente qué tipo de energía mental entrenás cada día y qué circuitos neuronales ejercitás para que el optimismo sea tu actitud por defecto. Solo vos podés decidir si vas a vivir interpretando el mundo como una amenaza constante o como un espacio donde todavía es posible crecer.

Ante la duda, el miedo irracional o el temor a lo desconocido, siempre decí "sí". Hacelo con inteligencia, pero no te cerrés a las posibilidades que el mundo te ofrece.

El arte de crear conexiones

La vida es una negociación constante: con vos mismo, con el tiempo y con los demás. Aprender a crear conexiones reales y relaciones "ganar-ganar" es clave para sostener y fomentar tu crecimiento en la etapa de Expansión.

Crear conexiones, construyendo y manteniendo relaciones profesionales, tiene un impacto medible en tu desarrollo y facilita la difusión del conocimiento. Cuando conectás con otros colegas, intercambiás ideas y expandís tu acceso a la información más actualizada. Está comprobado que la colaboración entre profesionales fomenta la innovación.[lvi]

Además, establecer conexiones incrementa tu visibilidad. Si participás activamente en conferencias y asociaciones profesionales, recibís más consultas, menciones y encargos en el medio en que te movés. En el entorno profesional, el uso de plataformas como LinkedIn te permite compartir ideas, recibir retroalimentación y conectar con colegas de todo el mundo.

Creamos conexiones para construir una comunidad que entienda nuestros desafíos y nos de consejos prácticos. En los sectores más competitivos, como es mi caso con el desarrollo inmobiliario, ese respaldo suele marcar la diferencia entre estancarse y avanzar.

Cuando creás tu red, hay algunas cosas para tener en cuenta. La ciencia ha demostrado que las redes diversas y amplias tienden a ser más útiles que las homogéneas. Cuando tus contactos tienen edades y especialidades variadas, accedés a distintas formas de pensar. Esta diversidad mejora tu creatividad y te hace más adaptable y abierto a nuevas oportunidades. Buscá gente que recién empieza, científicos, estudiantes, filósofos, músicos. Cada área y cada nivel de experiencia te ayuda a desarrollar distintas conexiones neuronales. Si tu círculo es heterogéneo, tenés acceso a muchos más puntos de vista y esto siempre es positivo.

En mi experiencia, más que "tener contactos", lo que funciona para mí es cultivar relaciones genuinas. A veces conocés una persona, cultivás la conexión durante años, y mucho tiempo después, gracias a ese vínculo, hacés un gran negocio o solucionás un problema.

Los vínculos forzados tienen piernas cortas, como las mentiras. Conectate con quien tengás cosas en común. Aprovechá esas similitudes, esos conocidos que te pueden presentar a alguien importante, pero siempre tratá de ser vos mismo. Tratá cada encuentro como un tesoro que espera ser descubierto. Está bien ser estratégico, siempre y cuando todo sea natural y no parezca forzado.

Con estos consejos para sacarles provecho a tus conexiones, hemos llegado al final del capítulo. Ya integraste la apertura como una elección consciente y a decir sí a lo nuevo como motor de crecimiento. Desarrollaste una relación más saludable con la incertidumbre y lograste que el miedo deje de dirigir tus decisiones.

También aprendiste sobre el impacto de la negatividad en tu energía y desarrollaste una actitud mental más constructiva. Por último, incorporaste herramientas para crear conexiones genuinas y entendiste cómo fomentar la expansión sostenida desde tu esencia.

Te encontrás en un momento clave de tu transformación. Ya sos el que querés ser y, si querés seguir expandiendo tu influencia, tenés que aprender a sentirte cómodo en nuevos círculos. Si llegás demasiado alto antes de saber quién sos, de volverte resiliente y cultivar la disciplina y la constancia, te podés caer. Pero si empezás a expandirte a partir de tu raíz, tu esencia y todos los aprendizajes que has hecho hasta ahora, nada te puede detener.

Ideas clave del capítulo doce

- *Adoptar una actitud de apertura y animarte a decir "sí" expande tu creatividad, fortalece tu resiliencia y entrena tu capacidad de convivir con la incertidumbre.*
- *El poder del "sí" redefine tu identidad, porque te das cuenta de que sos mucho más que lo que planeás.*
- *La mente tiende a enfocarse en lo negativo y el sistema nervioso lo adopta como un estado habitual. Es importante romper con este patrón y reconfigurar tu mente.*
- *Crear conexiones nos ayuda a construir una comunidad que entienda nuestros desafíos y nos de consejos prácticos*

Diseñá tu futuro

Ya llegaste a tu forma óptima. Ahora vas a descubrir cómo crear un ciclo virtuoso que te llevará a encontrar y vencer nuevos desafíos, aun cuando sintás que ya has alcanzado todas tus metas.

Para construir el futuro tenés que estar atenta y adelantarte a los cambios tecnológicos, diseñar tu legado desde el presente y desafiar los límites geográficos para expandirte fuera del mercado local. Si incorporás las enseñanzas de esta etapa, vas a encontrar un nivel de libertad que no has conocido jamás.

Libertad financiera

Ahora nos acercamos a los últimos umbrales de tu metamorfosis. Para avanzar, hay algo importante de lo que aún no hemos hablado: el dinero, algo que necesitás para cualquier cosa que querás emprender.

Yo he aprendido a ver al dinero como una herramienta para conseguir la libertad. Estoy de acuerdo con el pensamiento de José "Pepe" Mujica, quien habló muchas veces del dinero como tiempo de vida invertido en generarlo. Menos dinero significa más necesidad de dedicarle tu tiempo a ganar dinero, algo que te limita en todo sentido. Mantener una sanidad financiera te permite tener tiempo para el descanso y hace que el dinero deje de ser una preocupación.

"Cuando comprás algo, no lo comprás con dinero. Lo comprás con el tiempo de tu vida que tuviste que gastar para tener ese dinero".[lvii]
—*José Mujica*

El dinero tiene una carga emocional enorme. Representa seguridad, y libertad, pero también puede traer ansiedad. Desde la niñez absorbemos creencias como "el dinero es malo", "no alcanza para todos", "trabajar mucho es igual a ganar más", o "la riqueza es suerte", sin darnos cuenta de que esas creencias moldean nuestras decisiones financieras. El dinero no tiene moral, bondad o maldad, solo amplifica quién sos y lo que valorás. Si lo manejás con miedo, se vuelve una cárcel. Si lo manejás con inteligencia y propósito, te ayuda a crecer.

Tener una buena relación con el dinero significa entenderlo como un aliado, evitando que defina tu nivel de éxito. La cantidad de dinero a la que tenés acceso simplemente refleja cómo administrás tus recursos, tu tiempo y tu energía. Estoy convencido de que la educación financiera debería enseñarse desde la escuela, pero como casi nunca pasa, nos toca aprenderla por cuenta propia.

Para saber manejar el dinero, hay que gastar menos de lo que ganás, ahorrar con objetivos claros y planificar. Tu libertad comienza el día en que sabés exactamente en qué se va tu dinero. Hacer un presupuesto y regirte por él te da control en lugar de limitarte. Te muestra si estás invirtiendo en tu futuro o escapando de tu presente.

Si lo guiás con claridad, el dinero tiende a multiplicarse. Esa es la base de la responsabilidad económica: tomar decisiones bien pensadas, nunca por impulso. Tener libertad financiera significa poder elegir cómo y con quién trabajar.

Crear una estabilidad económica requiere diversificar tus fuentes de ingresos. Podés empezar con algo pequeño: un proyecto personal, una inversión, monetizar algún talento o habilidad que aún no has explotado. El objetivo es desarrollar autonomía. Estas son algunas estrategias que pueden ayudarte a alcanzar la libertad financiera:

- ***Diversificar tus fuentes de ingresos.*** *Tener múltiples fuentes de ingresos te da estabilidad financiera y oportunidades para crecer en varias direcciones.*

- ***Optimizar tus finanzas.*** *Llevar un registro meticuloso de tu flujo de caja puede ahorrarte hasta la tercera parte de lo que gastás.*

- ***Automatizar tus ahorros e inversiones.*** *Automatizar tus contribuciones a fondos de inversión fomenta el hábito de ahorrar y evita que las decisiones impulsivas interfieran con tu capacidad de construir riqueza a largo plazo.*

- ***Medir tu progreso de manera objetiva.*** *Usá indicadores concretos para medir tu crecimiento: el incremento de tus ingresos, el número de proyectos completados con éxito, el retorno de tus inversiones. Esto te permite ajustar estrategias según los resultados.*

- ***Aceptar nuevos desafíos y oportunidades.*** *Cuando te enfrentás a desafíos y proyectos fuera de tu zona de confort, ejercitás el músculo del aprendizaje constante. Esto aumenta tu satisfacción laboral y tus oportunidades de obtener mayores ingresos.*

- ***Invertir en tu crecimiento profesional.*** *Te recomiendo invertir una parte de tus ganancias en tu educación y desarrollo profesional.*

- ***Planificar a largo plazo.*** *Una estrategia a largo plazo es fundamental para tener una visión clara y ver más allá de recompensas inmediatas.*

La independencia económica se construye con estrategia. Algunas personas fundan su propia empresa, otras compran inmuebles que les den una renta o hacen inversiones diversificadas. Buscá la estrategia que funcione para vos.

Consumo consciente

De la mano de la libertad financiera, va sin duda el concepto del consumo consciente, ya que lo primero se vuelve imposible sin lo segundo. Vivimos en una cultura que nos empuja a consumir sin pensar. Compramos para pertenecer, para llenar vacíos o simplemente por impulso, pero cada compra es una declaración silenciosa de tus valores. Dependiendo de lo que decidás, te podés alejar de la libertad o acercarte a ella.

Cada vez que comprás algo, estás eligiendo qué tipo de vida construís: la del impulso o la del propósito. Por eso, te aconsejo que antes de comprar te preguntes:

¿Esto me acerca o me aleja de la vida que quiero vivir?

¿Lo hago por necesidad o para competir con alguien?

Lo cierto es que cada vez que usás tu dinero en algo, le decís que no a otra cosa. Entonces vale la pena pensar bien a qué le estás diciendo que no. Por ejemplo, si querés financiar un carro nuevo, pero tenés uno ya pagado, ¿a qué le estás diciendo que no? Tal vez te va a tocar trabajar más horas para poder pagar la cuota. En ese caso, le estarías diciendo que no a pasar ese tiempo con tu familia o amigos. Si tenés la meta de comprar tu casa propia y te comprás ese carro, probablemente estés atrasando tu inversión en la casa.

Vivir con menos es ser más libre. Como ya lo dijo José Mujica, la libertad no está en tener más, sino en necesitar menos. El dinero por sí solo no transforma tu vida. Además de aprender a administrarlo, necesitás trabajar sobre tu relación con la abundancia y la escasez. La abundancia comienza en la mente. Es una forma de ver la vida, mucho más que una cifra en tu cuenta bancaria. Cuando estás agradecido por lo que tenés, tomás decisiones más sabias, porque dejás de moverte desde el miedo.

El dinero, bien utilizado, te da tiempo, libertad y opciones. Si lo manejás mal, perdés tranquilidad. La diferencia está en la conciencia con la que lo usás.

Impacto y legado

Tu impacto es lo que generás hoy en tu entorno inmediato. Tu legado es lo que permanece cuando tus acciones se transforman en referencia e inspiración para otros. El impacto se construye a partir de algunas preguntas simples:

¿Qué problema estás ayudando a resolver?

¿A quién beneficia tu acción?

¿Qué cambia después de tu intervención?

Cuando percibís que tu trabajo beneficia a otros, estás más motivado, y el impacto de tus acciones crece.[lviii] Por otro lado, tu legado se empieza a formar cuando ese impacto deja de depender de tu presencia. Si querés dejar un legado, tenés que diseñar procesos y fomentar valores que los demás puedan adoptar. En vez de concentrarte en resultados aislados, te tenés que enfocar en los sistemas que implementaste: cómo se toman las decisiones y qué estándares se mantienen.

Los líderes que dan el ejemplo con comportamientos coherentes y transmiten propósito generan efectos duraderos en las organizaciones, que se pueden observar muchos años después de su paso.[lix] Te invito a diseñar tu legado con algunos de estos hábitos:

- **Compartí tu conocimiento.** *Guiar a otros multiplica tu impacto. Invertir en la transferencia de habilidades genera organizaciones más resilientes.*

- **Innová con sentido social.** *Buscar soluciones que beneficien a la comunidad te ayuda a construir un legado.*

- ***Dejá registros.*** *Documentar tu trabajo permite que otros puedan tomarlo y mejorarlo. Esto es lo que pasa con el código Open Source: toda la comunidad se beneficia de los avances de cada individuo.*

- ***Conectá con personas con valores similares.*** *La colaboración estratégica aumenta la probabilidad de que tus esfuerzos prosperen y se expandan.*

- ***Pensá en sistemas y no en resultados individuales.*** *Crear estructuras y procesos que sigan funcionando cuando estés ausente te asegura que tu influencia sea duradera.*

- ***Reflexioná sobre valores y ética.*** *La coherencia entre lo que decís y lo que hacés genera percepción de integridad, uno de los factores con mayor impacto en los grupos.*

- ***Invertí en sostenibilidad.*** *Dedicate a proyectos que puedan crecer y sostenerse sin depender de vos, para que perduren en el tiempo.*

Adaptabilidad

Vivimos en un mundo de cambios cada vez más acelerados. Los rápidos cambios en la tecnología, los ecosistemas y las sociedades humanas está cambiando radicalmente cómo trabajamos, qué habilidades se valoran y cómo se generan ingresos.

Si querés mantenerte relevante y que lo que sabés hacer siga valiendo en el mercado, el primer paso es entender los cambios y desarrollar al máximo tu adaptabilidad. Volverte adaptable requiere flexibilidad, apertura, creatividad estratégica, e innovación. Para seguir siendo competitivas, necesitamos estar preparadas para los cambios. Ese es nuestro capital: las ideas realmente creativas. En la actualidad, la clave está en combinar estas fortalezas con todo lo que nos ofrece la tecnología.

Para poder crecer cada vez más, tenés que aprender a integrar las nuevas herramientas tecnológicas en tu trabajo. Bien entendida, la tecnología te potencia. Te interesará saber que investigaciones recientes muestran que los profesionales que combinan su experiencia con conocimientos tecnológicos tienen mayores ingresos y más oportunidades de crecimiento.[lx]

La adaptabilidad es, simplemente, una habilidad esencial para nuestra época. En el mundo que se viene, la capacidad de transformarte y poner en práctica las ideas de este libro, será de importancia capital para tu futuro. Los que abracen el cambio triunfarán y los que no, quedarán atrás. En este tipo de contexto, es muy importante no aferrarse a una carrera lineal.

Yo sigo bastante de cerca los cambios tecnológicos y te recomiendo estar igual de atento. En mi trabajo, siempre estamos buscando formas de optimizar y automatizar procesos, y mi experiencia me ha enseñado que, en el mundo actual, la capacidad de monetizar habilidades con ayuda de las nuevas tecnologías es lo que separa a quienes apenas sobreviven de quienes realmente prosperan.

Estas nuevas tecnologías van a llegar cada vez más seguido a cambiar la visión que teníamos del mundo. Pensá en estos cambios como una oportunidad para aprender a anticipar nuevos paradigmas y sistemas en constante flujo. Usá los cambios más importantes de los últimos tiempos como una preparación y un aprendizaje para desarrollar tu adaptabilidad.

Te recomiendo que siempre te mantengás actualizada. Evitá conformarte con lo que ya sabés: cada nueva herramienta tecnológica que aparece es una oportunidad para mejorar tu valor profesional y abrir nuevas vías para generar ingresos.

Recordá que distintos sectores se mueven de diferentes maneras. Identificá cómo la tecnología está cambiando tu sector y posicionate como un especialista que sabe aplicar las nuevas herramientas para generar mejores resultados. Si te enfocás en desarrollar lo que la tecnología sola no puede hacer, aprendés a usar lo que hace mejor que vos y desarrollás habilidades adaptables, vas a poder crear un valor que los avances tecnológicos por sí solos son incapaces de replicar. Nunca te resistás a los cambios, sé parte de ellos y potenciarán tu capacidad de éxito.

Diseñar tu futuro implica aprender a pensar a largo plazo, tomar decisiones conscientes y expandirte más allá de los límites que heredaste. La tecnología y los contextos van a seguir cambiando; tu capacidad de aprender y adaptarte es lo que te va a permitir avanzar. El futuro se construye desarrollando la flexibilidad, la visión y el coraje para crear valor en escenarios cambiantes. Todo lo trabajado en este capítulo apunta a darte las herramientas para diseñar tu futuro con intención en un mundo que no se detiene.

Ideas clave del capítulo trece

o   *El dinero es una herramienta para ganar libertad. Tener una buena relación con él implica usarlo con conciencia, tomar decisiones responsables y no dejar que defina tu valor ni tu éxito.*

o   *Tu impacto es lo que generás hoy con tus acciones. Tu legado es lo que permanece cuando esas acciones se convierten en referencia e inspiración para otros.*

o   *Construir un legado implica diseñar sistemas y valores que puedan sostenerse en el tiempo, incluso cuando vos ya no estés.*

o   *En un mundo en cambio constante, tu verdadero capital está en tu capacidad de adaptarte.*

o   *Pensar a largo plazo, y considerando estos contextos cambiantes, es clave para diseñar tu futuro.*

Vivir es transformarse

A lo largo de este libro hablamos de cambio y de crecimiento. Espero que tu transformación te haya dado tantas satisfacciones como a mí. Ahora que ya pasaste por tu metamorfosis, quiero dejarte con algunas ideas para que tu crecimiento continúe. La primera es que cuando aprendés a cambiar, aprendés a vivir, porque la vida es movimiento.

Heráclito decía que todo fluye, que la realidad carece de un punto fijo donde quedarse para siempre. Cuando te aferrás a una identidad rígida, dejás de acompañar el movimiento propio de lo vivo. La metamorfosis aparece entonces como una condición esencial de la existencia.

Como diría Heráclito, cambiar es una condición de estar vivo.

Pensá en cómo pasa esto en la naturaleza. Los seres vivos cambian porque llevan en sí una fuerza que los impulsa a crecer. La semilla se convierte en planta siguiendo una dirección interna, lo que en este libro he llamado propósito. Así como pasa con los animales y las plantas, el cambio profundo en vos ocurre cuando permitís que la esencia de lo que ya sos encuentre su forma más plena.

En la naturaleza, la identidad fija rara vez ocupa un lugar central. En los mitos más antiguos, la vida adopta múltiples formas: cuerpos que continúan como ríos, vidas humanas que se prolongan en árboles o piedras. Si mirás a la ciencia y a la mitología, ambas coinciden: nada se pierde del todo. Cuando algo en vos se modifica, quiere decir que tu capacidad de pensar y actuar está buscando ampliarse. El cambio aparece, así como un signo de vitalidad.

Transformarte implica abrir espacio a algo que antes todavía no había tomado forma. Por eso, el miedo suele acompañar los cambios verdaderos. Espero que llegar al final de este libro te haya dado confianza en tu capacidad de transformarte. Tu vida está en proceso y tu identidad funciona como un movimiento.

La pregunta que te estarás haciendo en este momento es, "¿ahora qué"? La respuesta es muy simple: volver al principio. La metamorfosis es un ciclo. Si te quedás quieto porque pensás que ya conseguiste todo lo que querías, corrés el riesgo de perderlo. El crecimiento se estanca cuando se le confunde con un punto de llegada. Lo más importante que ganaste al pasar por tu proceso de transformación es la capacidad de seguir cuestionándote para poder seguir evolucionando.

Cuando sintás que llegaste, te propongo algo simple: volvé al principio y retomá las preguntas que te hiciste en la primera parte del libro, pero ahora desde un lugar más consciente. Preguntate una vez más:

¿Qué te está pidiendo ahora tu vida?

¿Qué aspectos requieren cambio o expansión?

¿Hacia dónde podés crecer?

Las respuestas van a cambiar porque vos también cambiaste. El autoconocimiento tiene que ser una práctica continua. Cada vez que cambiás, tenés que volver a entender qué es lo que necesitás después de cada transformación. Este ciclo de transformarte, habitar lo logrado y volver a hacerte preguntas es la base de un desarrollo auténtico.

Las primeras veces que pasé por un proceso de cambio, me quedé demasiado tiempo felicitándome por haberlo logrado, sin cuestionarme demasiado sobre el próximo paso. Con el tiempo, aprendí que lo que más me aporta es volver siempre al principio.

Me gusta mucho la idea de empezar de cero. Pienso que, si te atás a una nueva identidad que construiste, podés perderte de cosas increíbles. Cuando logro implementar un cambio que me llevó mucho tiempo, lo disfruto, pero después, siempre trato de volver a mi raíz, a mi "por qué". Eso es lo que hace que todo el trabajo que hago cada día para seguir creciendo tenga sentido.

Heráclito decía que no es posible bañarse dos veces en el mismo río. El río sigue siendo río, pero el agua ya es otra. Vos seguís siendo vos, pero ya no sos el mismo. Por eso, buscar una versión definitiva de vos suele generar tensión. Cada vez que una etapa se cierra, lo que realmente cambia es el punto desde el cual te entendés y decidís.

Volver al principio no es retroceder, es entrar otra vez en el río sabiendo más, haciéndote mejores preguntas.

Usá este libro como ese compañero que te va a encaminar cuando sintás que algo anda mal o que estás a punto de perder el rumbo. Ahora que ya lo leíste, podés volver en distintos momentos a distintas partes, según la necesidad de cada situación. Espero que estas palabras te acompañen por muchos años y te vean lograr todas tus metas.

Acerca del autor

Jaime Frech Asfura, conocido como Jimmy, es un emprendedor y autor hondureño. Estudió Gestión de la Construcción en *Louisiana State University (LSU)* y cuenta con un MBA del *Instituto de Empresa (IE)* de Madrid. A lo largo de su trayectoria ha trabajado de cerca con equipos multidisciplinarios, lo que le ha permitido acompañar a numerosos profesionales en su desarrollo.

Esa experiencia, sumada a su propia búsqueda interior, despertó en él el interés por explorar la transformación como un proceso que nace desde adentro. De ese camino surge *Metamorfosis*, un libro que propone el crecimiento personal como una experiencia humana consciente.

Es cofundador y gerente general de Naos, empresa de desarrollo inmobiliario basada en Honduras y lidera el área de Desarrollos en Celaque, la mayor desarrolladora de edificios del país. Además, es miembro de *Entrepreneurs' Organization (EO)*, una comunidad global de emprendedores presente en más de 80 países.

Es vicepresidente de Liquidámbar, una fundación sin fines de lucro enfocada en iniciativas ambientales, y forma parte de la Junta Directiva del Instituto Hondureño de Cultura Interamericana.

Desde su trabajo profesional y social, fomenta el crecimiento interior como base para generar un impacto positivo en las personas, su entorno y la región. Concibe el desarrollo personal como una práctica diaria y encuentra en la lectura, la naturaleza y la reflexión espacios esenciales para seguir creciendo.

jimmyfrech   jimmyfrech.com

Referencias

Capítulo 1

[i] Tolle, Eckhart. *The Power of Now: A Guide to Spiritual Enlightenment.* New World Library, 1999.

[ii] López, Social Work Skills. "The Magic of Kidlin's Law and How It Can Make Your Problems Disappear (by Half)." *My Social Work News,* 12 Dec. 2023, www.mysocialworknews.com/article/the-magic-of-kidlin-s-law-and-how-it-can-make-your-problems-disappear-by-half

Capítulo 2

[iii] Organización Mundial de la Salud, Oficina Regional para Europa. "Fomentar dietas más saludables y más sostenibles: Aprendiendo de la experiencia mediterránea y nórdica." *Organización Mundial de la Salud,* 7 May 2018, www.who.int/europe/news/item/07-05-2018-fostering-healthier-and-more-sustainable-diets-learning-from-the-mediterranean-and-new-nordic-experience

[iv] Liu, Simin, Walter C. Willett, et al. "Dietary Carbohydrates, Refined Grains, Glycemic Load, and Risk of Coronary Heart Disease in Chinese Adults." *Nutrition Journal,* vol. 12, no. 85, 2013, www.ncbi.nlm.nih.gov/pmc/articles/PMC3888273/

[v] Centers for Disease Control and Prevention. "Fast Facts: Data on Water Consumption." *CDC,* 19 Jan. 2024, www.cdc.gov/nutrition/php/data-research/fast-facts-water-consumption.html

[vi] Stanford University School of Medicine. "How Exercise Balances Cortisol Levels." *Stanford Medicine – Lifestyle Medicine,* n.d.,

lifestylemedicine.stanford.edu/how-exercise-balances-cortisol-levels/.

[vii] Clear, James. *Hábitos atómicos: Un método sencillo y comprobado para desarrollar buenos hábitos y eliminar los malos*. Diana, 2019.

[viii] National Sleep Foundation. "How Many Hours of Sleep Do You Really Need?" *Sleep Foundation*, n.d., www.thensf.org/how-many-hours-of-sleep-do-you-really-need/.

[ix] Mayo Clinic Staff. "Meditation: A Simple, Fast Way to Reduce Stress." *Mayo Clinic*, Mayo Foundation for Medical Education and Research, www.mayoclinic.org/tests-procedures/meditation/in-depth/meditation/art-20045858.

[x] Hay, Louise L. *You Can Heal Your Life*. Hay House, 1984.

Capítulo 3

[xi] Heinesen, Eskil, Susumu Imai, and Shiko Maruyama. *In-Utero Social Interaction of Twins. Working paper*, www.york.ac.uk/media/economics/documents/hedg/workingpapers/1518.pdf.

[xii] "Identificar y transmitir el propósito de tu empresa puede revolucionar tu modelo de negocio." *Entrepreneur en Español*, n.d., www.spanish.entrepreneur.com/consultoria/identificar-y-transmitir-el-proposito-de-tu-empresa-puede/478294.

Capítulo 4

[xiii] "Ocho semanas de meditación pueden cambiar el cerebro." *Escuela Transpersonal*, n.d., www.escuelatranspersonal.com/ocho-semanas-de-meditacion-pueden-cambiar-el-cerebro/

[xiv] "What Is Belonging and Why Is It Important?" BELONG – *Centre for the Study of Belonging, OsloMet*, uni.oslomet.no/belong/2023/05/26/what-is-belonging-and-why-is-it-important/.

[xv] Londoño Herrera, Diana, and María Arango Osorio. *Medellín como destino educativo para estudiantes extranjeros*. Universidad EIA, 2014.

Capítulo 5

[xvi] Metcalfe, Janet. "Learning from Errors." *Annual Review of Psychology*, vol. 68, 2017, pp. 465–489, www.annualreviews.org/doi/10.1146/annurev-psych-010416-044022

[xvii] Eskreis-Winkler, Lauren, and Ayelet Fishbach. "How to Learn From Your Failures." *Greater Good Magazine*, Greater Good Science Center, University of California, Berkeley, www.greatergood.berkeley.edu/article/item/how_to_learn_from _your_failures

[xviii] "How Errors Cultivate Humility in Leaders." *Phys.org*, 2023, phys.org/news/2023-01-errors-humility-leaders.html.

Capítulo 6

[xix] Schachter, Stanley, and Jerome E. Singer. "Cognitive, Social, and Physiological Determinants of Emotional State." *Psychological Review*, vol. 69, no. 5, 1962, pp. 379–399.

[xx] "Superhero in a Skirt: Psychological Resilience of Ukrainian Refugee Women in Poland. A Thematic Analysis." *International Journal of Clinical and Health Psychology*, Elsevier España, 2024, www.elsevier.es/en-revista-international-journal-clinical-health-psychology-355-pdf-download-S1697260024000711.

[xxi] "The Content and Meaning of War Experiences: A Qualitative Study of Trauma and Resilience among Liberian Young Refugees in Ghana." *National Library of Medicine (PMC)*, n.d., www.pmc.ncbi.nlm.nih.gov/articles/PMC12041611/.

Capítulo 7

[xxii] Lao Tzu. *Tao Te Ching*. Editorial Siruela, 2007.

[xxiii] Kahneman, Daniel. *Thinking, Fast and Slow*. Farrar, Straus and Giroux, 2011.

[xxiv] "Cómo realizar el análisis pre-mortem para tomar mejores decisiones." *Grandes Pymes*, 17 nov. 2019, www.grandespymes.ar/2019/11/17/como-realizar-el-analisis-pre-mortem-para-tomar-mejores-decisiones/.

[xxv] Welch, Suzy. "Suzy Welch on How to Make a Sound Decision." *Time*, time.com/archive/6688501/suzy-welch-on-how-to-make-a-sound-decision/.

[xxvi] Feldman Barrett, Lisa. *La vida secreta del cerebro: Cómo se construyen las emociones*. Ediciones Paidós, 2018.

[xxvii] Gans, Steven, M.D. "Illusion of Control." *Verywell Mind*, 15 May 2023, www.verywellmind.com/what-is-the-illusion-of-control-5198406.

[xxviii] "Locus de control: qué es, locus de control interno y externo." *Psiquion*, n.d., www.psiquion.com/blog/que-es-locus-control-locus-control-interno-externo.

[xxix] "Forgiving Others to Help Improve Your Health." *Stanford Medicine News Center*, Stanford University School of Medicine, Jan. 2020, med.stanford.edu/news/insights/2020/01/forgiving-others-to-help-improve-your-health.html.

Parte 3

xxx Campbell, Joseph, Bill D. Moyers, and Betty Sue Flowers. *The Power of Myth*. Anchor Books, 1991.

Capítulo 8

xxxi Taylor, Shelley E. "Social Cognition Research." *Taylor Lab – UCLA Department of Psychology*, n.d., taylorlab.psych.ucla.edu/publications/.

xxxii Ekman, Paul. "Suppressed Emotions and Deception: The Discovery of Micro-Expressions." *Medium*, n.d., paulekman.medium.com/suppressed-emotions-and-deception-the-discovery-of-micro-expressions-5e339b8b2fb7.

xxxiii Scott, Susan. *Conversaciones difíciles*. Editorial Planeta, 2002.

Capítulo 9

xxxiv "El poder de ser vulnerable: ¿Qué te atreverías a hacer si el miedo no te paralizara?" *Empresa Inteligente*, n.d., biblioteca.empresainteligente.com/resources/biblioteca/archivos/el_poder_de_ser_vulnerable_%C2%BFque_te_atreverias_a_hacer_si_el_miedo_no_te_paralizara.pdf.

xxxv Han, Byung-Chul. *La sociedad del cansancio*. Traducción de Arantzazu Saratxaga Arregi, Herder, 2012.

xxxvi Singer, Michael A. *The Untethered Soul: The Journey Beyond Yourself*. New Harbinger Publications, 2007.

xxxvii Singer, Michael A. *La liberación del alma: El viaje más allá de ti mismo*. Traducción de J. Viñes Roig, Gaia Ediciones, 2014.

Capítulo 10

xxxviii Sinek, Simon. *Empieza con el por qué*. n.d., tavapy.gov.py/biblioteca/wp-content/uploads/2024/10/Empieza-Con-El-Porque-Sinek-Simon.pdf.

xxxix *El discurso del rey. Dir. Tom Hooper, performances by Colin Firth, Geoffrey Rush, and Helena Bonham Carter, The Weinstein Company, 2010.*

xl Senge, Peter M. *The Fifth Discipline: The Art and Practice of the Learning Organization.* Doubleday, 1990.

xli Duckworth, Angela. *Grit: The Power of Passion and Perseverance.* Scribner, 2016.

xlii Duckworth, Angela. "Grit: qué es y cómo se puede desarrollar." *Center for Healthy Minds*, University of Wisconsin–Madison, n.d., centerhealthyminds.org/join-the-movement/grit-qué-es-y-cómo-se-puede-desarrollar.

Capítulo 11

xliii Baumeister, Roy F. "The Power of Self-Control." *Monitor on Psychology*, American Psychological Association, Jan. 2012, www.apa.org/monitor/2012/01/self-control.

xliv Falkland, Sir. "Falkland's Law." n.d. Aforismo citado en estudios sobre toma de decisiones.

xlv Baumeister, Roy F., et al. "Self-Control and Limited Willpower: Current Status of Ego Depletion Theory and Research." *Current Opinion in Psychology*, vol. 60, Dec. 2024, article 101882, doi:10.1016/j.copsyc.2024.101882.

xlvi Baumeister, Roy F., Ellen Bratslavsky, Mark Muraven, and Dianne M. Tice. "Ego Depletion: Is the Active Self a Limited Resource?" *European Journal of Social Psychology*, vol. 28, no. 5, 1998, pp. 1255–1268. Wiley Online Library, https://doi.org/10.1002/ejsp.674.

xlvii Clear, James. *Hábitos atómicos: Un método sencillo y comprobado para desarrollar buenos hábitos y eliminar los malos.* Diana, 2019.

[xlviii] Lally, Phillippa, et al. "How Are Habits Formed: Modelling Habit Formation in the Real World." *European Journal of Social Psychology*, vol. 40, no. 6, 2010, pp. 998–1009, doi:10.1002/ejsp.674.

[xlix] Amabile, Teresa M., and Steven J. Kramer. "The Power of Small Wins." *Harvard Business Review*, May 2011, www.hbr.org/2011/05/the-power-of-small-wins.

[l] Dweck, Carol S. *Mindset: The New Psychology of Success.* Random House, 2006.

[li] Mingus, Charles. "Making the simple complicated is commonplace; making the complicated simple, awesomely simple—that's creativity." Aforismo atribuido.

[lii] "Occam's Razor." *Stanford Encyclopedia of Philosophy*, Stanford University, n.d., plato.stanford.edu/entries/ockham/.

Capítulo 12

[liii] Casanova, Giacomo. *Historia de mi vida.* Traducción al español, Alianza Editorial, 2011.

[liv] Vaish, Amrisha, Tobias Grossmann, and Amanda Woodward. "Rethinking the Negativity Bias." *Review of Philosophy and Psychology*, vol. 9, no. 4, 2018, pp. 651–673, Springer, n.d., www.doi.org/10.1007/s13164-018-0382-7

[lv] Molins, Francisco, Celia Martínez-Tomás, and Miguel Ángel Serrano. "Implicit Negativity Bias Leads to Greater Loss Aversion and Learning during Decision-Making." *International Journal of Environmental Research and Public Health*, vol. 19, no. 24, 2022, article 17037, doi:10.3390/ijerph192417037.

[lvi] "The Importance of Networking." *University Lab Partners*, n.d., www.universitylabpartners.org/student-voices/importance-of-networking.

Capítulo 13

[lvii] Mujica, José. *Una oveja negra al poder.* Debate, 2015.

[lviii] Grant, Adam M. "The Significance of Task Significance: Job Performance Effects, Relational Mechanisms, and Boundary Conditions." *Academy of Management Journal,* vol. 51, no. 1, 2008, pp. 108–124, www.doi.org/10.5465/amj.2007.25525536

[lix] Bass, Bernard M., and Ronald E. Riggio. *Transformational Leadership.* 2nd ed., Psychology Press, 2006.

[lx] "What Is the Price of a Skill? The Value of Complementarity." *arXiv,* 2022, www.arxiv.org/abs/2210.01535.